BIG WORD SEARCH LA

Dear Reader,

Thank you from the bottom of our hearts for purchasing this Word Search. Your support means the world to us, and it is truly invaluable. This word search was crafted with deep love and passion for what we do, with every word thoughtfully selected to bring you a fun and meaningful experience.

We are thrilled to be on this journey with you and are immensely grateful for your trust in us. It's a privilege to grow together, and we look forward to continuing to bring you puzzles that inspire and challenge your mind. Your enjoyment and satisfaction motivate us to keep pushing the boundaries of creativity.

Thank you for being a part of our community. We hope this word search book brings you joy and relaxation!

With warmest regards,

Tory Dock

We hope you've enjoyed solving the puzzles.
If you have a moment, we would be incredibly
grateful if you could leave a review on Amazon.
It'll be a great help for us.

WEATHER - Puzzle #1

```
B I S O A D T E E L S I D E W
T I R T D D D N I W M E R F P
F R E E Z I N G D R O P M R S
R O N D E S H I R B N U D R E
E E G T C T I I W D P Y T B I
D M I S N E Z E E R B O S S R
N W E I H T O R N A D O N L N
U A N M A H A I L N E Z O S R
H G S D I D O S T R D F W R C
T I I T D H E Y A F R O I R D
T M I P O I D C L O U D C F E
Y C I A D R O M S T I S E N R
O S T D C Z M T R Z T Z W I G
T T N M Z G B A W O B N I A R
A I S R P G O N E L Z Z I R D
```

- BREEZE
- CLOUD
- DROP
- DEW
- DRIZZLE
- FOG
- FREEZING
- FROST
- HAIL
- ICY
- LIGHTNING
- MIST
- RAIN
- RAINBOW
- SLEET
- SNOW
- STORM
- THUNDER
- TORNADO
- WIND

GARAGE SALE - Puzzle #2

```
O D L K A O I D N E N U R R E
G O N G G E E E W S S V V A T
S I T Y L A T T I E G I I I A
I E W B L V R A D T T C D H I
C S N I V U I A N T N S Y O T
C V B O I S H N G O D G A W O
D U A Y T E A C T E D H I T G
Y I A U O D G L C A L S S S E
L T S R E P O O E T G D M A N
B S I C R O R T O Y E E E B C
R L E I O S O H R T A A T B L
G N C L T U A E U O C R I S O
S E Y L L L N S K O O B D N D
E R T U E A S T S T D A H A L
I M C O O J E W E L R Y E R E
```

- BOOKS
- BUY
- CASH
- CLOTHES
- DEAL
- DECOR
- DISCOUNT
- DONATE
- GARAGE
- ITEMS
- JEWELRY
- NEGOTIATE
- PRICE
- SALE
- SELL
- SIGN
- TOYS
- USED
- VINTAGE
- YARD

MOVING - Puzzle #3

```
G R R E L O C A T E X D C A K
C B I O O I D K L V D O E A M
U H L T E E G A R O T S B A O
C S A I A G L L E C T E G E V
K A T N F D C C F N G C E N E
O S A S G T D U E G T O X L R
R A P R T E R R E A H S R L C
G S E G S N L E E Y O E R F A
A A T R I P O C G S U R S A Y
N E R T L Z A O L L S Y E K R
I L U A K E D C S E E C G B E
Z R C R C E I U K I B K T D C
E E K R E G N E L I G A R F R
Y V A E H T G M R L N E L I F
I R L P C N U E L B R G E E P
```

- ○ ADDRESS
- ○ BOX
- ○ CHANGE
- ○ CHECKLIST
- ○ FRAGILE
- ○ FURNITURE
- ○ HEAVY
- ○ HOUSE
- ○ KEYS
- ○ LABEL
- ○ LIFT
- ○ LOADING
- ○ MOVER
- ○ ORGANIZE
- ○ PACKING
- ○ RELOCATE
- ○ RENT
- ○ STORAGE
- ○ TAPE
- ○ TRUCK

FIRST DATE - Puzzle #4

```
M T R E S D S M I L E N T M K
Y R P H N G S S S U O V R E N
S G E E Y B D O O G E K U E T
Y N I O I R E S T A U R A N T
P A R K I T E H D Y H U T O L
G S I L G E S T U R E M E I F
U I I O S M S C U T F K R S N
H G U A L S R I H S L L Y S O
A D E R A D E T N I M A D E D
M E N A I I W N I M O W I R A
O S D N E E O A H E V U E P N
I S N C I R L M C H I Y I M G
E E F F O C F O T C E E M I R
R R E T Y F L R T S E L R R E
E T T L D E T E O U T F I T P
```

- ○ CHEMISTRY
- ○ COFFEE
- ○ DESSERT
- ○ DINNER
- ○ EYES
- ○ FLOWERS
- ○ GESTURE
- ○ GOODBYE
- ○ HUG
- ○ IMPRESSION
- ○ LAUGH
- ○ MOVIE
- ○ NERVOUS
- ○ NOD
- ○ OUTFIT
- ○ PARK
- ○ RESTAURANT
- ○ ROMANTIC
- ○ SMILE
- ○ WALK

3

PERFECT DAY - Puzzle #5

```
P E A C E F U L F U N R F S R
C O M F O R T L A U G H T E R
O B U S A F E S L C F M S L M
C M R S C M D C M H C U U I M
M G U E R N I L S L G S N M S
O C N E E N L L P E U I S S S
N G R I C Z R U Y A P C H E E
A C R I K I E F F S R R I C N
T F P C G I S Y N Y N F N S I
U T I I C B H O R S A M E A P
R E P A N J F J A R E L A X P
E S P F R E E D O M O M P G A
F N H I I S I F E L E S I I H
S U H C A E B E A D I C S O D
T S L F C S N N L T D U L F D
```

- ○ BEACH
- ○ BREEZE
- ○ COMFORT
- ○ FAMILY
- ○ FREEDOM
- ○ FRIENDS
- ○ FUN
- ○ HAPPINESS
- ○ HIKING
- ○ JOYFUL
- ○ LAUGHTER
- ○ MUSIC
- ○ NATURE
- ○ PEACEFUL
- ○ PICNIC
- ○ PLAYFUL
- ○ RELAX
- ○ SMILES
- ○ SUNSET
- ○ SUNSHINE

AIRPORT - Puzzle #6

```
- U A T E M S M O T S U C A J
V E T H S C S N Y A L E D E G
Y E R G T N H C A M R A T S Y
E U T I E I R E L A T U T A G
N L I L I U S T C H A O O C A
W O C F G A U P T K A R L T E
P U K L N T T I T B - R I I O
A N E N I L R I A P F I P U A
S G T T D F A S T S O A N S U
S E - T R A C V O R U N W A Y
P J N N A A U S I G A T E T E
O R E V O Y A L E R J E H A M
R G M I B L A N I M R E T I N
T T E Y T O E G A G G A B O C
A I A A T A I S E C U R I T Y
```

- ○ AIRLINE
- ○ ARRIVAL
- ○ BAGGAGE
- ○ BOARDING
- ○ CHECK-IN
- ○ CUSTOMS
- ○ DELAY
- ○ FLIGHT
- ○ GATE
- ○ JET
- ○ LAYOVER
- ○ LOUNGE
- ○ PASSPORT
- ○ PILOT
- ○ RUNWAY
- ○ SECURITY
- ○ SUITCASE
- ○ TARMAC
- ○ TERMINAL
- ○ TICKET

YOUR GARDEN - Puzzle #7

```
O H A P S R U S S S U T S R N
W I I M O S U G S T D S L N D
I S F F U R A S P T B B S H E
T S T T G L A I S R L S A A O
O R H U T R C M E F C D R R S
E E G L G R L H L E O R E V H
U Z I I R I R O S A M I R E R
S I L P O B W A S S P B U S U
E L N S E E D S S S O I R T B
E I U E R G R B D E S P P I S
N T S S E I L F R E T T U B E
P R T O G L E I S B E H S R E
L E E R S T L T F I O W E Z R
E F H W A T E R I N G R E T T
N B P L A N T S G U S S S R B
```

- BEES
- BIRDS
- BUTTERFLIES
- COMPOST
- FERTILIZER
- FLOWERS
- GRASS
- HARVEST
- HERBS
- MULCH
- PLANTS
- ROSES
- SEEDS
- SHRUBS
- SOIL
- SUNLIGHT
- TREES
- TULIPS
- WATERING
- WEEDS

SCHOOL SUBJECTS - Puzzle #8

```
G I C O G I C N D S M M D O I
E A R H E H L R C O A U A G E
O A P R E I A I T F I B S A H
G C H C H M M C O N I L V I L
R U Y R A O I B S O U A S H C
A A S R N V H S L Y L T S P Y
P H I O I C O O T G O C R H H
H A C C N E G E E R I S T T P
Y E S E M Y A B Y E Y R E A O
H H R Y O A R T N T E T R M S
H F H S C A E C L I I C I C O
L R C C L G E O M E T R Y G L
I T H E A L T H S I L G N E I
I G E R U T A R E T I L I A H
E Y A A H S I N A P S O G O P
```

- ALGEBRA
- ART
- BIOLOGY
- CHEMISTRY
- CIVICS
- DRAMA
- ECONOMICS
- ENGLISH
- FRENCH
- GEOGRAPHY
- GEOMETRY
- HEALTH
- HISTORY
- LITERATURE
- MATH
- MUSIC
- PHILOSOPHY
- PHYSICS
- SCIENCE
- SPANISH

GADGETS - Puzzle #9

```
P R O J E C T O R H A O K S O
O U E H T O O T E U L B E M V
E A R R A E J S E O S S Y A E
C H A R G E R A - A C A B R R
D C T E D S M H R T P N O T A
D E R T U R T P E S S T A W A
S C R L H A O S A A G A R A S
P H Y S B T E N D D M M D T S
T T P L P P R A E U U A S C A
S E E A H E R E R S B L P H R
C T L O P E O C T B O R E H E
E L N C M O B S R U R R A Y M
S E N O H P D A E H O B K E A
T V T T R A M S O P T R E E C
E E S U O M B S L A D O R D R
```

- ○ BLUETOOTH
- ○ CAMERA
- ○ CHARGER
- ○ DRONE
- ○ E-READER
- ○ EARBUDS
- ○ HEADPHONES
- ○ KEYBOARD
- ○ LAPTOP
- ○ MOUSE
- ○ PHONE
- ○ PROJECTOR
- ○ REMOTE
- ○ ROUTER
- ○ SMART TV
- ○ SMARTWATCH
- ○ SPEAKER
- ○ STYLUS
- ○ TABLET
- ○ USB

GRADUATION- Puzzle #10

```
S S N A A O O L T V C P E T O
D F S F I N V I T A T I O N S
N A Y L I M A F Y C G V T J S
E L E S S A T V S P S C A O S
I N A D N R J H O N O R S U E
R E S E T A M S S A L C V R C
F R D A T E T A U D A R G N C
L U I E E R G E D P B P E E U
A T P R Y B I E C O A R P Y S
Y U L M Y M H E S N T E M R R
M F O D N U C R O L C N U S V
I N M C E R E M O N Y P E F M
E W A S S E E E A N G L T V H
N O S F H G P P H O T O S A E
E G P C O N S S N O O L L A B
```

- ○ BALLOONS
- ○ CAP
- ○ CEREMONY
- ○ CHEERS
- ○ CLASSMATES
- ○ DEGREE
- ○ DIPLOMA
- ○ EVENT
- ○ FAMILY
- ○ FRIENDS
- ○ FUTURE
- ○ GOWN
- ○ GRADUATE
- ○ HONORS
- ○ INVITATIONS
- ○ JOURNEY
- ○ PHOTOS
- ○ SPEECH
- ○ SUCCESS
- ○ TASSEL

MORNING FOREST - Puzzle #11

```
F E F I L D L I W F E H P A E
F R N N M P I F E D S L M A E
E L E I S S U Z E G I I E D R
S O S O S U E W O H R P L P I
D T O B F E S S S T N T E E L
O T S C R F S N H A U R M P U
O N M B W C L U R P S H A B R
W Q O A L A S O N E H S E R F
H U O O N N E A W L F S R E N
B I R D S O N G P E I E T L O
Y E H E T P E I I S R G S U P
P T S E I Y O B N S E S H U S
E F U R M S R S E V A E L T I
S O M P O R E R U T A N R D H
O L S E F U O T L M L G M T S
```

- ○ BIRDSONG
- ○ BREEZE
- ○ CANOPY
- ○ DEW
- ○ FERNS
- ○ FLOWERS
- ○ FRESH
- ○ LEAVES
- ○ MIST
- ○ MUSHROOMS
- ○ NATURE
- ○ PATH
- ○ PINE
- ○ QUIET
- ○ STREAM
- ○ SUNLIGHT
- ○ SUNRISE
- ○ TREES
- ○ WILDLIFE
- ○ WOODS

CAR BRANDS - Puzzle #12

```
N T A O A E L F H E D I D F N
I O N L R H A C U R A U D I I
A Y U E N C O L O O R F D A S
U O K X C S U B A R U O D T S
H T A U U R E V O R D N A L A
S A G S F O T D W G U T V M N
E V D D O P N R E M E L O B A
E O O J F O O U O D B I L V V
F I U C S O H R E D A H V U J
A C C H E V R O L E T I O U S
T N O M O D U D A H A O K H O
D T A J A G U A R N T F M D I
N D K E E V I A D N U Y H H O
N E H R S E D E C R E M D E E
L K D H O N D A D Z A M O C L
```

- ○ ACURA
- ○ AUDI
- ○ BMW
- ○ CHEVROLET
- ○ DODGE
- ○ FIAT
- ○ FORD
- ○ HONDA
- ○ HYUNDAI
- ○ JAGUAR
- ○ KIA
- ○ LAND ROVER
- ○ LEXUS
- ○ MAZDA
- ○ MERCEDES
- ○ NISSAN
- ○ PORSCHE
- ○ SUBARU
- ○ TOYOTA
- ○ VOLVO

COUNTRIES - Puzzle #13

```
S C T M K G A D E G M C Y E A
G C H A I L A R T S U A N A I
N E N I G I S W E D E N G D N
C L T N N Z A G E I N A A A D
A R E D R A E N S A T D P T I
S A E A F R A N C E C A P D A
I J L S M B E M A R J Y L C N
C I S A U G D N E R G E P Y I
T B N I A P S A R E A R O V T
U Y N E Y A W R O N E S L I N
R T U A C S R C T T M Z A E E
K D A J N E I C A G E R N T G
E R N N M X E A L A N W D N R
Y I A N E C U R Y A S U R A A
T A N M M N D I G G E E A M O
```

○ ARGENTINA
○ AUSTRALIA
○ BRAZIL
○ CANADA
○ CHINA
○ EGYPT
○ FRANCE
○ GERMANY
○ GREECE
○ INDIA
○ ITALY
○ JAPAN
○ MEXICO
○ NORWAY
○ POLAND
○ SPAIN
○ SWEDEN
○ TURKEY
○ USA
○ VIETNAM

VEHICLE - Puzzle #14

```
E M S U B M A R I N E A L D R
M M M I R C S T I E R A T E R
I E M O T O R C Y C L E V C L
O I V A N A S N L E T R U C K
V A C G C I I T E B O R S I E
A T S F E A T B E T R N B X L
B N L I R R S V E T N D I A C
B O A T S E R L C E V C A T Y
G D E P G U O B L I M O R A C
T T E W I U B R A N T A U O I
I F A P E N A L P R I A N I B
G Y T V O P U K C I P I V E A
N B R P B M A S H I P I M E I
D R A O B E T A K S O P T B L
R E T P O C I L E H R X C S E
```

○ AIRPLANE
○ BICYCLE
○ BOAT
○ BUS
○ CAR
○ GOLF CART
○ HELICOPTER
○ LIMO
○ MOPED
○ MOTORCYCLE
○ PICKUP
○ SUV
○ SEGWAY
○ SHIP
○ SKATEBOARD
○ SUBMARINE
○ TAXI
○ TRAIN
○ TRUCK
○ VAN

8

ICE CREAM FLAVORS - Puzzle #15

```
C Y T A C O F F E E U G D C S
U O O A R I C E Y R R E H C P
M O Y T H E Y Y L E M O N I L
I E N L S P D I O T U N A E P
N T C M T N I W I K E A C A M
T I C H O C O L A T E E P S T
T A O M C E O H A N F A I T S
I C L E M A G L O E F H S R E
R A E L N E N M R C O C T A I
A K M F I A A D B A T T A W K
M E A P A N M L Y K O A C B O
I T R R O F A O C A R M H E O
S B A A C L A V R A E H I R C
U I C R N B A T I I Y B O R E
E H R Y R R E B P S A R P Y M
```

- ○ ALMOND
- ○ CAKE
- ○ CANDY
- ○ CARAMEL
- ○ CHERRY
- ○ CHOCOLATE
- ○ COFFEE
- ○ COOKIES
- ○ LEMON
- ○ MANGO
- ○ MATCHA
- ○ MINT
- ○ KIWI
- ○ PEANUT
- ○ PISTACHIO
- ○ RASPBERRY
- ○ STRAWBERRY
- ○ TIRAMISU
- ○ TOFFEE
- ○ VANILLA

SPACE - Puzzle #16

```
A T E D T S P A C E C R A F T
E S T I C E O N R R A S A U Q
L U A O R K H T E T A L A O M
O M M R Y D A X T S E N R M R
A E C E X L O S N C O S M O S
T T R T A P P L G R A V I T Y
F E R S L R A L T A T P C R E
E O A A A S X S A O L T A T A
E R N E G E A T A N A U M T G
S E T U N I V E R S E L B N O
T E L E S C O P E L T T M E E
A E E I L U N A R A H G E N N
R L I G H T Y E A R O C K E T
S A T E L L I T E R O O T L A
I E U A O R B I T Y O O T S O
```

- ○ ASTEROID
- ○ ASTRONAUT
- ○ COMET
- ○ COSMOS
- ○ EXOPLANET
- ○ GALAXY
- ○ GRAVITY
- ○ LIGHTYEAR
- ○ LUNAR
- ○ METEOR
- ○ NEBULA
- ○ ORBIT
- ○ PLANET
- ○ QUASAR
- ○ ROCKET
- ○ SATELLITE
- ○ SPACECRAFT
- ○ STAR
- ○ TELESCOPE
- ○ UNIVERSE

BEVERAGES - Puzzle #17

```
I G E E N E R G Y D R I N K P
M S U O E H B E E R A H C O M
A M C H K O M O G B E B H D E
R O A B A A R W H O S O A B O
G O R S H R E A E B K L I M L
A T F M S E C T E A T C C I C
R H R I K S J E T O T T A D D
I I A T L U B R E I A T A R T
T E P E I T P T E J K O E P I
A E P C M D A S S C R C C I C
T R E T A L O C O H C O R K D
N F O O E H A C D M F H I E T
D A P A A T T L A F N N N N Y
A L E M O N A D E C H I A I A
O E I T G A B E I M E S G W K
```

- ○ BEER
- ○ BOBA
- ○ CHAI
- ○ CHOCOLATE
- ○ COCKTAIL
- ○ COFFEE
- ○ ENERGY DRINK
- ○ FRAPPE
- ○ JUICE
- ○ LATE
- ○ LEMONADE
- ○ MARGARITA
- ○ MILK
- ○ MILKSHAKE
- ○ MOCHA
- ○ SMOOTHIE
- ○ SODA
- ○ TEA
- ○ WATER
- ○ WINE

BIRTHDAY PARTY - Puzzle #18

```
I L C P R R E S I R P R U S S
T C B A O S B Y S P D R G B G
I D E A M S O P S R T F S L C
V N M C N U F P R E P H E A S
S S P U R N L A O S B A I U H
D P T O S E E H V E A I R G R
N C L R N I A R A N L A O H E
E R B S P S C M F T L I M T U
I E S E L D N A C S O I E E T
R I A U E O P T L E O H M R E
F L A U M N S B O M N F I G S
S A S Y E S R O M A S E S P I
Y O J A H N T A S G S A K T A
S N O I T A T I V N I T E A A
L N E P H O T O S E C S O E C
```

- ○ BALLOONS
- ○ BANNER
- ○ CAKE
- ○ CANDLES
- ○ FAVORS
- ○ FRIENDS
- ○ FUN
- ○ GAMES
- ○ HAPPY
- ○ ICE CREAM
- ○ INVITATIONS
- ○ JOY
- ○ LAUGHTER
- ○ MEMORIES
- ○ MUSIC
- ○ PHOTOS
- ○ PRESENTS
- ○ SURPRISE
- ○ THEME
- ○ TOAST

ART AND MUSEUM - Puzzle #19

```
C O L L E C T I O N A N A S O
S I O O T I E O C S E G O I C
C N C T R T I A R T R O P C U
G S S I S O F R E S C O R A L
N T C B S U T U O L M A L C T
I A U I A R T I S T F P L C U
T L L H V L T A T A A S A L R
N L P X N A U R R H C R R P E
I A T E A L M T U I T C U S O
A T U A C U I I S S T N M C R
P I R T S S N F B T R R F E L
R O E E A C I A C O A U U F T
R N U N R R L C Y R E L L A G
L M I B S E T T F Y G E K O L
I T E L R S R O S K E T C H E
```

- ○ ABSTRACT
- ○ ARTIFACT
- ○ ARTISAN
- ○ ARTIST
- ○ CANVAS
- ○ COLLECTION
- ○ CULTURE
- ○ CURATOR
- ○ EXHIBIT
- ○ FRESCO
- ○ GALLERY
- ○ HISTORY
- ○ INSTALLATION
- ○ MURAL
- ○ MUSEUM
- ○ PAINTING
- ○ PORTRAIT
- ○ SCULPTURE
- ○ SKETCH
- ○ TOUR

YOUR NEIGHBORHOOD - Puzzle #20

```
S K R A P S I T E E R T S T C
O S E R V I C E E S S P C M L
R S C E R O T S N I U E E C S
Y T E F A S A S L A C O L S U
L O W I Y Y D K F O P E H E G
N E D R A G T A M S S E S K E
S A K L N U I M R T T R S Y F
B A P R P T U A S D N E I R F
U P F L E N E I G H B O R A D
S E I T I V I T C A L M I R S
S T V T E K R A M O T B O B E
T C Y N I L F I O G A C U I B
O D L E K E E H M O O S T L T
P E A V R D C P U Y I T M G L
I C I E R S K L A W E D I S W
```

- ○ ACTIVITIES
- ○ BUS STOP
- ○ COMMUNITY
- ○ EVENT
- ○ FRIENDS
- ○ GARDEN
- ○ HOUSE
- ○ LIBRARY
- ○ LOCAL
- ○ MARKET
- ○ NEIGHBOR
- ○ PARK
- ○ PET
- ○ PLAY
- ○ SAFETY
- ○ SCHOOL
- ○ SERVICE
- ○ SIDEWALK
- ○ STORE
- ○ STREET

DRESSING UP - Puzzle #21

```
J G A O T S T S W M T T N O E
R E E S O I F R G C S I E S K
E Y R L E W E J C O S T U M E
B O F A S B E O R W W S K S E
O S R R A S P E E D A N K L E
R S A A S S D A D G E I Y F R
D C C S S I N R N L R T M A L
R B S T E K C A J T S F A S I
A L R R E O J E I L S E K H M
W O I C S L H F N T L E E I E
S U E H L C T S J T R G U O M
A S S A O U P T L T R Y P N M
S E I R O S S E C C A S E B O
B O A T R S B A C L R K T T Y
E A T S O E E S S E R D M H A
```

- ○ ACCESSORIES
- ○ BELT
- ○ BLOUSE
- ○ COSTUME
- ○ DRESS
- ○ FASHION
- ○ GOWN
- ○ HAT
- ○ JACKET
- ○ JEWELRY
- ○ MAKEUP
- ○ OUTFIT
- ○ PANTS
- ○ SCARF
- ○ SHOES
- ○ SKIRT
- ○ STYLE
- ○ SUIT
- ○ TIE
- ○ WARDROBE

BARBECUING - Puzzle #22

```
E K O M S M I S A E E A L E N
S E C U A S R E O D F N E A E
A A F I R E Y T K E L C E U K
U S S I W G T S I O A I O E C
S S B E R R R A V E V R R S I
A V K I A E A B G F O B E M H
G S L R R G P E A N R I R S C
E L A T R I A S T S G A I O A
R E A N M K T L H G E O B K G
U E F H G N C L E V L U K U Y
M A N S G I R V R V G T A I R
I T T A N M A R I N A D E D K
F A F C A R R R N O S O T U L
R U I M S I O C G O R O S L U
O P A R A I R C I O E R B C E
```

- ○ BASTE
- ○ CHICKEN
- ○ CORN
- ○ FIRE
- ○ FLAVOR
- ○ GATHERING
- ○ GRILL
- ○ MARINADE
- ○ MEAT
- ○ OUTDOOR
- ○ PARTY
- ○ PICNIC
- ○ RIBS
- ○ RUB
- ○ SAUCE
- ○ SAUSAGE
- ○ SKEWERS
- ○ SMOKE
- ○ STEAK
- ○ VEGGIES

OFFICE JOB - Puzzle #23

```
E T C E J O R P D T E O T E E
F T T L C R F E I Y R G A U A
N T E L T D A F R T N K E G E
E S S E O D R E I I I M S A I
G R A L L O N S T C R N W E S
N M S I E O A E I B E O O L D
E M N F I E E R O C T E R L I
C E E T T M E S N N U R K O S
C U A T L G S E E E P K S C L
E T E E A B R I E N M S P A O
S A R N T E L G G P O A A I E
N S A O F C A T G M C T C N L
D M O N P R E T N I R P E G C
E F O O E E C P L I A M E S K
E C I J T R R N W C A L L E T
```

- BOSS
- CLIENT
- COLLEAGUE
- COMPUTER
- CONFERENCE
- DEADLINE
- DESK
- EMAIL
- FILE
- MANAGER
- MEETING
- NOTES
- OFFICE
- PRINTER
- PROJECT
- REPORT
- STATIONERY
- TASK
- TEAM
- WORKSPACE

WONDERFUL FAMILY - Puzzle #24

```
T T T M M E J S H A R I N G M
I P Y S P S P M E M O R I E S
G N H L U S T R A D I T I O N
K N S C H R D S E G L I R P E
I P A R E N T S U T S E I R I
N S O U E S T H C I H E N E R
D T H H H C G H B T E G A R R
N H K O E M I L E R G E U L I
E I M P D L I G R T E S A A T
S E S E D N O B T C U S E E L
S E E R G T H A P P Y O J V A
R T E S P R E C P A T A S O M
T N L R N J E O S S L L E L P
R R M B P M R L E L H E T T O
T T P R U T P R I N O C A R E
```

- BOND
- CARE
- CHILDREN
- HAPPY
- HOME
- HOPE
- HUG
- JOY
- KINDNESS
- LAUGHTER
- LOVE
- MEMORIES
- PARENTS
- RESPECT
- SHARING
- SIBLINGS
- SUPPORT
- TOGETHER
- TRADITION
- TRUST

13

BODY ANATOMY - Puzzle #25

```
T V S B S N L S N A G R O A I
T O E R S E R T S P K N D O C
A S I A N C H T N E O A B S L
T N R I R E I E I T L R C B U
S S E N R L V T E I S C E I R
G O T R A E H L B D B A S I R
N S R S I A E T L L R N A U Y
U S A N E K L C I C O E S I M
L T S N S N K I K S D O A E O
A O O S B K A I V T Y K D R R
L M I S O I I M D E E R E I E
R A I S N Y T N E N R B T B O
V C N C E L L S T E E A R S A
E H I N S Y G S E E N Y E E I
S P I N E T E E T H L N S A N
```

- ○ ARTERIES
- ○ BLOOD
- ○ BONES
- ○ BRAIN
- ○ CELLS
- ○ EARS
- ○ EYES
- ○ HEART
- ○ KIDNEYS
- ○ LIVER
- ○ LUNGS
- ○ MUSCLE
- ○ ORGANS
- ○ RIBS
- ○ SKELETON
- ○ SKIN
- ○ SPINE
- ○ STOMACH
- ○ TEETH
- ○ VEINS

CHRISTMAS - Puzzle #26

```
S S S D R S Y W N J S N S G H
T N S Y N L T A T T A A H E W
O O T S A F L N H O L S N R R
C E N N H D I G E F N S P T L
K G E Y G L I R Y M D I O S A
I W S N L L T L E T A G L T S
N T E H J H L C O P I N C E T
G G R G G O T A E H L F R S F
S I P R W I R R T T P A T O I
E A I A W A E O R A E M C S G
T E O W I S E L T E J I L E L
T C O O K I E S S R E L F R I
B I A N R E A T N W E Y O J L
I F Y S I E S S S B E T L L N
N E S T F S T I N S E L G C S
```

- ○ BELLS
- ○ CAROLS
- ○ COOKIES
- ○ ELF
- ○ FAMILY
- ○ FEAST
- ○ FIREPLACE
- ○ GIFTS
- ○ HOLIDAY
- ○ JOY
- ○ LIGHTS
- ○ ORNAMENTS
- ○ PRESENTS
- ○ SANTA
- ○ SLEIGH
- ○ SNOW
- ○ STOCKINGS
- ○ TINSEL
- ○ TREE
- ○ WREATH

CHARACTER - Puzzle #27

```
N I G T E L B M U H T E E D T
W O G U D L C R F O F P U A Y
C T N T E I U Q R N T R E D N
E G O D N I K F I E L E L D A
L E R E T U M K E S R F E U L
L S T E R U D R N T H T E L T
K A S R U R M R D S A Y P U B
P A T I E N T F L U S R U F K
A I E A U I T T Y J F C G T I
C E M R N C A E A S U C U C H
L R E C L E V E R S T A L E D
U E E E N H E L P F U L E P O
I S I F A E V A R B U M T S R
B I I T O E E S M A R T N E W
R W T K V C D E F C H N S R E
```

- ○ BRAVE
- ○ CALM
- ○ CLEVER
- ○ FRIENDLY
- ○ GRATEFUL
- ○ HELPFUL
- ○ HONEST
- ○ HUMBLE
- ○ JUST
- ○ KIND
- ○ NEAT
- ○ NICE
- ○ PATIENT
- ○ QUIET
- ○ RESPECTFUL
- ○ SHY
- ○ SMART
- ○ STRONG
- ○ TRUE
- ○ WISE

KITCHEN ITEMS - Puzzle #28

```
F T G N A P N S X T N R S P O
T O O E O I P V S P R T S P R
E A C V S O U S N L X G A O R
O S K T G T C S R W N O O P S
P T C T P F O O F O R K R A P
M E B P N D L V T B I C T L A
I R L E T E S E E N O U S I T
C T D A G O T N F L P P I G U
R N S T R A G R A T E R E P L
O E W E L E N N E F I R F S A
W O E P O O D R I G A E O D A
A V P C S E H N X C D X U R T
V R P S R E K L E W H I S K E
E O S F N O E C O L G M R A G
T N R S T E B N C N B E O F S
```

- ○ BLENDER
- ○ BOWL
- ○ COLANDER
- ○ CUP
- ○ FORK
- ○ FRIDGE
- ○ GRATER
- ○ KNIFE
- ○ MICROWAVE
- ○ MIXER
- ○ OVEN
- ○ PAN
- ○ PLATE
- ○ POT
- ○ SPATULA
- ○ SPOON
- ○ STOVE
- ○ TOASTER
- ○ TONGS
- ○ WHISK

15

BODY CARE - Puzzle #29

```
P O N O T O W E L R E N O T S
S E T O S H M L T C I E P B E
O L O O P M A H S K E U A O O
A B T R H P B R U S H W A N O
P E R F U M E O S A S S L O H
C O M B P P S O S M E S S E T
S A R D P W L L R E R G R T G
H O R I I F O H E A D W G A N
A A L E R T O E Z U T H A I B
V C M O I V E O B A T H R L R
E B R O T S R S O C U P V O T
N S N I A R A R L P O H P F N
E T S A P H T O O T T L M X I
A E T X R E M P C S M U R E S
R E N O I T I D N O C R O L R
```

- BATH
- BRUSH
- CLIPPERS
- COMB
- CONDITIONER
- EXFOLIATE
- FLOSS
- GEL
- LOTION
- MASK
- PERFUME
- RAZOR
- SERUM
- SHAMPOO
- SHAVE
- SOAP
- SWABS
- TONER
- TOOTHPASTE
- TOWEL

MONEY - Puzzle #30

```
E T T I C E U B N N E P B A C
T A L E E E M I U N S E C A I
T C L R N M U O C D T O D C N
M C B A T S A O C D G O A W V
O O S A S K I K I N S E D S E
R U A D L N D C S N I E T V S
T N A H S A C E O C P S I R T
G T W U N T N H B O D M T G A
A A T I D E R C S I T S C L N
G B S E A L B I E E T A E A T
E O R E H S T N R A L L O D E
E E S G N I V A S D B L I C R
I D K L E O N N R T E L L A W
O T A I T S E R E T N I N I U
T O S I E E E I A T T K I S H
```

- ATM
- ACCOUNT
- BALANCE
- BANK
- BUDGET
- CASH
- CENTS
- CHECK
- COINS
- CREDIT
- DEBIT
- DEPOSIT
- DOLLAR
- INCOME
- INTEREST
- INVEST
- LOAN
- MORTGAGE
- SAVINGS
- WALLET

LET'S GO ON A CRUISE! - Puzzle #31

```
I W Y T N O I S R U C X E U E
T L R P I H S O L E G A Y O V
C T A P I L L I R O B R A H T
E R R P R I L I F E B O A T N
I A E O A K G C A B I N A N E
L A N S P E E T A W E P L A M
C A I O B O R E I E E O E V N
C E T F P E V F I C A R A I I
E A I N C E R F L E U A C G A
E R P I N E O U K T I N O A T
A I P T L R O B N E H A E T R
P A L A A K C E D S D E O O E
D T X T U I V A N D E C E R T
I S L A N D N X A E I O E C N
L F M T A M Y H L O U N G E E
```

- ○ ADVENTURE
- ○ BUFFET
- ○ CABIN
- ○ CAPTAIN
- ○ CREW
- ○ DECK
- ○ ENTERTAINMENT
- ○ EXCURSION
- ○ HARBOR
- ○ ISLAND
- ○ ITINERARY
- ○ LIFEBOAT
- ○ LOUNGE
- ○ NAVIGATOR
- ○ OCEAN
- ○ PORT
- ○ RELAX
- ○ SAIL
- ○ SHIP
- ○ VOYAGE

HOLIDAY CAKE - Puzzle #32

```
D N E A E T D R R L N T L A N
E T L Z O C N A S R A G U S N
C C C O D H A R E F G Y C S L
O H A C E E G G S O N A E L A
R O N G S R I E L N I N L R R
A C D Y N R E C F D K U S E S
T O L U R I D A G A A T P E R
E L E L U E T G F N B M I N A
A A S E G S T S L T S E C O G
N T F L E O E T O L Z G E M M
E E K O U T E D U R K E S A A
S E E G U R E R R B F Y S N E
E N R E L E G L A Z E A C N R
A L M O N D S N O E A L C I C
N G A G A L L I N A V E A C A
```

- ○ ALMONDS
- ○ BAKING
- ○ BUTTER
- ○ CANDLES
- ○ CHERRIES
- ○ CHOCOLATE
- ○ CINNAMON
- ○ CREAM
- ○ DECORATE
- ○ EGGS
- ○ FLOUR
- ○ FONDANT
- ○ FROSTING
- ○ GLAZE
- ○ LAYERS
- ○ NUTMEG
- ○ SPICES
- ○ SUGAR
- ○ VANILLA
- ○ YULE LOG

17

SHADES OF MOOD - Puzzle #33

```
T E A R D S O G D E X A L E R
A U E F S A H T R U V N D A N
N C L C E A S Y G A N C A L M
N O U J B Y N O U A T N P F T
O N F O S P Y E A A X E N C R
Y T R Y S M M N O I E X F L A
E E A F S U G M O H Y C A U S
D N E U G R O U A L R I L A L
D T F L Y G S V E O U T F S G
H P I P E I D N R R H E A N E
N D E E T M O U R E A D H E U
D E R I T L L O O E N N J O E
I R R I T A T E D R Y L E I U
X P D F N R E U E O P T Y I X
R C Y I L Y P P A H N N R L T
```

- ANGRY
- ANNOYED
- ANXIOUS
- BORED
- CALM
- CONTENT
- EXCITED
- FEARFUL
- GRATEFUL
- GRUMPY
- HAPPY
- IRRITATED
- JOYFUL
- LONELY
- NERVOUS
- PROUD
- RELAXED
- SAD
- SHY
- TIRED

FAN OF SPORTS - Puzzle #34

```
O T L I H P L A Y E R A A Y A
H G P P O S C N A C R S H L P
O C M T N A H C W I I P C L V
A L A O G O E E S N O T M I I
R O R O O O E L R R G T Y N C
F S T N C C R E T S R E R S T
C S V A C L S A R S M E L S O
R I S B H C P G T E M E A T R
T C T F A O A U O V F R V W Y
O S A U M N G E P U C E I I A
C C D T P E N A M G T A R N M
S O I P I E S E L A C M A E Y
A R U S O M R M R F E H P L E
M E M E N A T E C L A T W T T
M E N E T G V A S L I H V M N
```

- BANNER
- CHAMPION
- CHANT
- CHEERS
- COACH
- FLAG
- GAME
- GOAL
- LEAGUE
- LOSS
- MASCOT
- PLAYER
- REFEREE
- RIVALRY
- SCORE
- STADIUM
- TEAM
- TROPHY
- VICTORY
- WIN

18

INSECTS - Puzzle #35

```
F L F I H T G U B Y D A L I E
S P I O T I U Q S O M O E M L
T R R F O U F S E W Y M A T W
I M E T M S F T E F E W I S Y
N H F C V L Y E I E L B S U S
K C L D E E V A H R T Y I C T
B A Y A R I T D E I E N L O E
U O L E L A T T I L E B V L N
G R F R A E G T W H B O E T R
B K R B D N I O C A P R R A O
R C E E B L T I N C S A F L H
B O T F A D N H E F F P I U V
M C T F U Y O T L F L H S E I
L O U N L T I E Y M S Y H T E
E S B T E R M I T E F M W B P
```

- ○ BANNER
- ○ CHAMPION
- ○ CHANT
- ○ CHEERS
- ○ COACH
- ○ FLAG
- ○ GAME
- ○ GOAL
- ○ LEAGUE
- ○ LOSS
- ○ MASCOT
- ○ PLAYER
- ○ REFEREE
- ○ RIVALRY
- ○ SCORE
- ○ STADIUM
- ○ TEAM
- ○ TROPHY
- ○ VICTORY
- ○ WIN

JEWELRY - Puzzle #36

```
I E O D E C S S S K N N E G A
P E A R L O K L I T T E L L A
M V E C A R N I L I L C H L N
P D L L S N I R V S Y K D K C
T I P P O T L A E G B L N E F
E E R D E H F P R N U A I S B
L L E L C N F R E I R C G A S
E G K P T E U D E R R E E P O
C N O E A I C R I R D R M P K
A A H A U M A N B A G R S H C
R B C R A E G R N E M N T I C
B A R N D L O G A I T O O R R
O C O R P O L N B O E I N E O
N I A H C B A P C S O P E D W
A A S H D P E N D A N T P I N
```

- ○ ANKLET
- ○ BANGLE
- ○ BRACELET
- ○ BROOCH
- ○ CHAIN
- ○ CHOKER
- ○ CROWN
- ○ CUFF LINKS
- ○ DIAMOND
- ○ EARRINGS
- ○ GEMSTONE
- ○ GOLD
- ○ NECKLACE
- ○ PEARL
- ○ PENDANT
- ○ RING
- ○ RUBY
- ○ SAPPHIRE
- ○ SILVER
- ○ TIARA

CONSTRUCTION NEAR YOU - Puzzle #37

```
R O O O K R S S E T T E C C
A A L F C E L A E D E O E C K
T R W W I L L A D D E R D R D
A E E R R P D R I L L D L C I
H M L Z B F I D N D T E O R D
D M D N O T O P R C A X F D A
R A I N L D N U E C R C F C C
A H N Z R M L M N S R A A L R
H R G R R S E L M D A V C E E
E S A W R N E E U H A A S E B
T C F A T R N L E B C T X T M
C O N C R E T E I O N O I S I
R R L M M P L A S T E R S O T
G O I A P D P T C R A N E T N
E A R O T C A R T N O C E N A
```

- BRICK
- BULLDOZER
- CEMENT
- CONCRETE
- CONTRACTOR
- CRANE
- DRILL
- EXCAVATOR
- FOUNDATION
- HAMMER
- HARDHAT
- LADDER
- PIPES
- PLASTER
- SAW
- SCAFFOLD
- STEEL
- TILES
- TIMBER
- WELDING

GAS STATION - Puzzle #38

```
P C E P E L W F Z U E N H L E
A S M H S E R V I C E I T O Z
E U E A N E N N O Z Z L E R A
P E N I L O S A G N S E R I T
F I G R P P C A R W A S H E A
U N A P L E S O H S T P R L C
E T S U L T R E C E I P T R C
L D I M E C I R P L E U F N C
G K O P R O U S I O L C K A E
A R C C K C U O T L I I S H U
U S S P N T O F U E A H F I R
G I O V A A A U U S I T A F K
E P E E T N A D N E T T A O R
E F N E E E A O R I L C C A S
A S E L E U E U R D S U I I G
```

- AIR PUMP
- ATTENDANT
- CAR WASH
- CASHIER
- DIESEL
- ENGINE
- FUEL
- FUEL GAUGE
- FUEL PRICE
- GASOLINE
- HOSE
- NOZZLE
- OCTANE
- OIL
- PUMP
- RECEIPT
- REFILL
- SERVICE
- TANK
- TIRES

HAIRSTYLE UPDATE - Puzzle #39

```
Y D R P C D R E A D L O C K S
B U E E D E G E R T D I H L T
P S R R A N I R E S R R E T R
H T D M I Y F R C E L C U H I
N H S R U C N I D A G C S G U
N G F B N R D M Y E E C T I P
D I S M A N L E I N U N R A O
B L H O T N R H I R E O A R N
F H A H T S G L L E T N P T Y
A G T A G S R S H U O G E S T
D I U W T I A R B R A I D S A
E H B K A T E N B C S H I T I
T R O H P U T R E O D C S P L
T U C R E D N U E H B S R B E
A L N W R A E E A D O B S T H
```

- ○ BANGS
- ○ BOB
- ○ BRAIDS
- ○ CHIGNON
- ○ CURLS
- ○ CUT
- ○ DREADLOCKS
- ○ FADE
- ○ FRINGE
- ○ HAIRLINE
- ○ HIGHLIGHTS
- ○ LAYERS
- ○ MOHAWK
- ○ PERM
- ○ PONYTAIL
- ○ SIDE PART
- ○ STRAIGHT
- ○ TAPER
- ○ TRIM
- ○ UNDERCUT

PACKING A SUITCASE - Puzzle #40

```
J T O S G S C S N A C K S O W
P A H O O U M E L E W O T A L
A A C C N L I R R E G R A H C
R W S K E S H D S U S O M R I
S L E S E A T L E B F E M A O
E I K M P T T B H B S R H T I
I J A E W O T O T P O H A S B
R S R B N E R E O A A O O C E
T C O G M I O T L T H C K E S
E A R E M A C U C L E R A N S
L O S W C O L I S H A M P O O
I T A H L S N E D W A W R H O
O C T E E P B A E E R U M P P
T U N A T S E S W I M S U I T
O W I P E E S M A P M I E P E
```

- ○ BELT
- ○ CAMERA
- ○ CHARGER
- ○ CLOTHES
- ○ GUIDEBOOK
- ○ HAT
- ○ JACKET
- ○ MAP
- ○ MEDICINE
- ○ PASSPORT
- ○ PHONE
- ○ SCARF
- ○ SHAMPOO
- ○ SHOES
- ○ SNACKS
- ○ SOCKS
- ○ SWIMSUIT
- ○ TOILETRIES
- ○ TOWEL
- ○ WALLET

21

DAY AT THE BEACH - Puzzle #41

```
L U S N K D E D B E W C I A M
E L U N L N I R T N E N R A E
I G N E E A E A O E T O W E L
S A S X K S R U N L I E L I S
U K H A E B E G D T K E E U A
N E I L R C L E A S O F H E P
S R N E W E O F H A L S S T I
C E E R U S O I H C E D R F C
R Z S E M L C L L D U D D R N
E R N E B L I S K N I R D U I
E C T A R E D E E A E W U S C
N A L L E H S A E S N E C E R
N I E S L S S N O R K E L V L
S S D R L E O E A E D I T A I
S L L H A N E B E N B E I W F
```

- BREEZE
- COOLER
- DRINKS
- DUNE
- KITE
- LIFEGUARD
- PICNIC
- RELAX
- SAND
- SANDCASTLE
- SEASHELL
- SHELLS
- SNORKEL
- SUNSCREEN
- SUNSHINE
- SURF
- TIDE
- TOWEL
- UMBRELLA
- WAVES

WHAT KIDS DO? - Puzzle #42

```
H G N I W S E R I T M N A A R
O U A I C T I L I N S U R T W
P V W A S E E S L A I F M Y G
S S A R G N N E N A T L S M N
C X W G G B J U M P B D B R L
O E S A L U I G O R N O E S A
T S E M D T I A A E C S O A U
C U C E V V N G I H H A G N G
H O G S N E E R P E U F N D H
D H E G P L F N M B N E I B T
G Y B B I C I A T E I T B O E
N A C P C Y B R I U D Y M X R
I L S X N C O T G D R I I S F
W P C I I I R O P E L E L B P
S N D W C B H C A L E D C S I
```

- ADVENTURE
- BALL
- BICYCLE
- CLIMBING
- FRIENDS
- FUN
- GAMES
- GRASS
- HOPSCOTCH
- JUMP
- LAUGHTER
- PICNIC
- PLAYHOUSE
- ROPE
- SAFETY
- SANDBOX
- SEESAW
- SLIDE
- SWING
- TIRE SWING

MUSIC AWARDS - Puzzle #43

```
I I T C R O S N T T A I A S N
L E S O O O O H I B M U B L A
E I I T N N P E T R O P H Y I
V Y T G N Y N T S V H F A S C
E Y R M G O A A E P A E U O I
R N A O Y N O M I N E E S E S
E A L A G A D Y V F E E E O U
N R E L R E N O D N V R C R M
N T C E J O T M R R I G S H E
I N R O M E M A O D F N S A M
W E E E G A E S C I T I R C A
L V R D E A D C E S L T E I R
N E U V N E A E R G T O V D T
C J E S C N L V P S A V E N C
U W T G E N O I T C U D O R P
```

○ ALBUM
○ ARTIST
○ CATEGORY
○ CEREMONY
○ CRITICS
○ EVENT
○ FAN VOTE
○ GALA
○ JUDGE
○ MEDAL
○ MUSICIAN
○ NOMINEE
○ PRODUCTION
○ RECORD
○ SONG
○ SPEECH
○ TV
○ TROPHY
○ VOTING
○ WINNER

BOARD GAMES - Puzzle #44

```
R D R U H C R A C E G A T C R
E C I D N U Y R O T C I V Y E
R R T Y G E T A R T S L E S V
R U U V R T R O C E A Y N R I
A S L T U R N P T R E E P K T
R O C E N O G T T O K D T D C
U Y E O S E L C T O R L L E E
Y L T A R E V S T A E B N P J
C R L E R E R D C D D E U L B
I D C O A E B O A R D E U A O
G V C U K M M O N O P O L Y N
K L N C I P O I E E R A S E C
T G E R I O R S T A E R E R R
I H D M C H A L L E N G E D C
C I S S A L C L L O R E S D T
```

○ ADVENTURE
○ BOARD
○ CARD
○ CHALLENGE
○ CHECKERS
○ CLASSIC
○ DICE
○ MONOPOLY
○ OBJECTIVE
○ PLAYER
○ ROLL
○ RULES
○ SCORE
○ SETTLE
○ STRATEGY
○ TEAM
○ TIMER
○ TOKENS
○ TURN
○ VICTORY

23

INDEPENDENCE DAY - Puzzle #45

```
O E N S M V E Y O W I K I P U
L V S S P E M T O T L R M C I
G I I E P T N I K A N O E S N
A E U R M E A N R S Y R J I H
L U T C V R E U O L E E U I T
F P P F E C A E C U E C I S U M
F A I L O N T J H I I T T L N
P T R E M S F H N E O I R O F
A R E B M O K C O R S T A B I
R I W R U P I Y Y F A A D I N
A O O A N P E I P Y A N I R L
D T R T I F R E E D O M T N E
E I K I T N E Y T R E B I L E
C S S O Y H O N O R N E O L R
A M F N N A T I O N A L N O Y
```

- ○ CELEBRATION
- ○ COMMUNITY
- ○ EVENT
- ○ FAMILY
- ○ FIREWORKS
- ○ FLAG
- ○ FREEDOM
- ○ HISTORY
- ○ HONOR
- ○ JULY
- ○ LIBERTY
- ○ MUSIC
- ○ NATIONAL
- ○ PARADE
- ○ PATRIOTISM
- ○ PICNIC
- ○ SPEECHES
- ○ TRADITION
- ○ UNITY
- ○ VETERANS

AUTO DEVICES - Puzzle #46

```
S T R E S S T A R T E R T H O
L B S H A R A R B I R H T M O
G S A U B I R I C L U T C H A
L T U T A L T E R N A T O R A
I H P B T H L E T F I H A I E
R G M W U E X I L I I D R T I
P I U H L M R E L P I L N A R
I L P E T E P Y A A O A T S H
S L L E S A T E T A L S E E O
T I E L E R E O R O I K T R R
O A U A E I R L O T A I I G N
N T F D I O N C A R I H T P R
E A N R U N E W B E L P R R H
T E N G I N E L L I R G L D G
F R S E R E T L I F L I O F P
```

- ○ AIR FILTER
- ○ ALTERNATOR
- ○ BATTERY
- ○ BRAKES
- ○ BUMPER
- ○ CLUTCH
- ○ COOLANT
- ○ ENGINE
- ○ EXHAUST
- ○ FENDER
- ○ FUEL PUMP
- ○ GRILLE
- ○ HORN
- ○ OIL FILTER
- ○ PISTON
- ○ RADIATOR
- ○ STARTER
- ○ TAILLIGHTS
- ○ TIRES
- ○ WHEEL

MUSICAL INSTRUMENTS - Puzzle #47

```
L T O E G E T E N I R A L C J
O R E L E L U K U U O M U E N
N I I M O I E A A O O A S E N
I A C S E P I P G A B N E R L
L N E L Z I T H E R B R I O M
O G L A R O L T R E G O B O E
I L L O V O U P E U E M E T G
V E O G R I I O I P B Z E M N
F L U T E G N T L R M L T D N
T L I B C A A O T B P U R I M
F T E P I R L N O A A U R R B
B S P P E D U A G S M N U T E
M A R I M B A N E S S S J L S
R P A N I L O D N A M A O O R
N E H A V B G B U R I F B A R
```

- ○ BAGPIPES
- ○ BANJO
- ○ BASS
- ○ BASSOON
- ○ CELLO
- ○ CLARINET
- ○ DRUMS
- ○ FLUTE
- ○ GUITAR
- ○ HARP
- ○ MANDOLIN
- ○ MARIMBA
- ○ OBOE
- ○ ORGAN
- ○ PIANO
- ○ TRIANGLE
- ○ TRUMPET
- ○ UKULELE
- ○ VIOLIN
- ○ ZITHER

INVENTIONS AND INNOVATIONS - Puzzle #48

```
E T H C E T O N A N C H N L A
V N C L E N A P R A L O S C D
I I T I F - I W I I A I D I E
R A V D E N I E A S V M R R G
T H M I A R A D I O N E O I D
U C E I C L O U D Z N B E O I
A K D R L R A E D D O E R I Z
L C I P E U V E D T R D B A V
R O C V T T L N S S O O E D S
E L I O A C N R U B R R N D L
A B N A E C A I R P L A N E D
L L E A L O C V R U I E D A I
I - I I H O P I G P S H I E L
T L L L K D A L N O D M C O G
Y S M Z H S N O E E D 3 I U R
```

- ○ 3D PRINTER
- ○ AI
- ○ AIRPLANE
- ○ AUTO
- ○ BLOCKCHAIN
- ○ CHIP
- ○ DRONE
- ○ EV
- ○ GPS
- ○ ICLOUD
- ○ LED
- ○ NANOTECH
- ○ RADIO
- ○ ROBOTS
- ○ SOLAR PANEL
- ○ TV MEDICINE
- ○ VACCINE
- ○ VIRTUAL REALITY
- ○ WI-FI
- ○ ZOOM

25

GRAMMAR - Puzzle #49

```
R U N - O N U O N G T E N S E
E C N M A N O B J E C T J E E
R B A O G T E M I T E E E T V
E E G E R U N D R N E T V N I
I A X N E N J J V E E C I N T
F R A U E O M E I M L E T A C
I O T O M E R E E G C J I G E
D D N N E B S E V A I B N T J
O P Y O N I C U L R T U I E D
M H S R T N R T A F R S F D A
U R R P E N E O C L A U N F N
O A E T N P T E C E C T I E R
E S N J C T E N O E E E A E I
E E T B E B R E V D A T T D T
S N I U P R E P O S I T I O N
```

- ○ ADJECTIVE
- ○ ADVERB
- ○ AGREEMENT
- ○ ARTICLE
- ○ CLAUSE
- ○ FRAGMENT
- ○ GERUND
- ○ INFINITIVE
- ○ MODIFIER
- ○ NOUN
- ○ OBJECT
- ○ PHRASE
- ○ PREPOSITION
- ○ PRONOUN
- ○ RUN-ON
- ○ SENTENCE
- ○ SUBJECT
- ○ SYNTAX
- ○ TENSE
- ○ VERB

PUBLIC SPEAKING - Puzzle #50

```
E I E U T P M O R P M I A U D
G N I M E S S A G E E C N & N
S O G C A Y R E V I L E D F Q
S E C A P R A C T I C E E P I
E O M C G N I N E P O E N R R
N S S P E E C H I O D P L C H
S D S P S C M T & B T N P L E
U I A E E L R E A O E L D A T
O A T U Q O A C N I N I I R O
V L P D D S K E V T C T A I R
R A I H P I T T L I E V O T I
E U R E C N E D I F N O C Y C
N S C E Y G E N O N Y A I N R
N I S I C I V V C O N T E N T
F V E E S P C N U E E E E E H I
```

- ○ AUDIENCE
- ○ CLARITY
- ○ CLOSING
- ○ CONFIDENCE
- ○ CONTENT
- ○ DELIVERY
- ○ ENGAGEMENT
- ○ FEEDBACK
- ○ IMPROMPTU
- ○ MESSAGE
- ○ NERVOUSNESS
- ○ OPENING
- ○ PACE
- ○ PRACTICE
- ○ Q&A
- ○ RHETORIC
- ○ SCRIPT
- ○ SPEECH
- ○ TONE
- ○ VISUAL AIDS

HALLOWEEN - Puzzle #51

```
O D T P Y K O O P S M I F P C
T S O H G I M O Y W C A L Y M
M O N S T E R B E M C A S S U
N H T H C T I W I T M M N N M
A N Z T C O S T U M E U I D M
P T C O L E U A H M Y S L M Y
N O A H M M M N A A S O B S H
N B T M I B O E I S U T O I A
O F U O B L I M T K M N G D N
O R C M S O L E T E P S T R K
S I O T L A E S M G R M N E E
T G S K E L E T O N N Y U N D
A H T O M B I M E O Z C O P T
B T S S H E P O T I O N B M S
O C M I Y W E R A M T H G I N
```

- ○ BATS
- ○ CANDY
- ○ CEMETERY
- ○ CHILLS
- ○ COSTUME
- ○ FRIGHT
- ○ GHOST
- ○ GOBLINS
- ○ HAUNTED
- ○ MASK
- ○ MONSTER
- ○ MUMMY
- ○ NIGHTMARE
- ○ POTION
- ○ PUMPKIN
- ○ SKELETON
- ○ SPOOKY
- ○ WEB
- ○ WITCH
- ○ ZOMBIE

DETECTIVE STORIES - Puzzle #52

```
S T T I L H I D D E N L F U S
S I E V I T C E T E D A I C L
N T M E R U E S C V T N I Y Y
N O I T C U D E D I C S F R I
V E R I I L T I W D N R F E F
C U C R I I D I E E S E I T T
I E O T B I T L R N R S R S C
S R I I D N D O D C I N E Y E
C F L U E D F L E E N E H M P
C A E S I H D A U P S P S C S
L P S R R F E N L D E S L L U
D N E U R E E O E L S U S R S
S D S P U N T S I W T S U R A
E O A L O I R A N E C S E U U
E H C U L P R I T D C U S T E
```

- ○ ALIBI
- ○ CASE
- ○ CLUE
- ○ CRIME
- ○ CULPRIT
- ○ DEDUCTION
- ○ DETECTIVE
- ○ EVIDENCE
- ○ FORENSICS
- ○ HIDDEN
- ○ SHERIFF
- ○ MYSTERY
- ○ PLOT
- ○ PURSUIT
- ○ RIDDLE
- ○ SCENARIO
- ○ SUSPECT
- ○ SUSPENSE
- ○ TWIST
- ○ WITNESS

27

ELECTION - Puzzle #53

```
E T J C G T R E S U L T S A I
N P Y T O E D C O U N T A A T
C T E C U R T M E T G C E M T
O C L L E R Y A G N I L L O P
N A I M E T N J E T A B E D N
S N P T R C B O S L P C T C N
T D T A S A T R U A M R C R L
I I P D L T G I C T A R S P O
T D N L O T A T O C C H A D P
U A O I I R Y Y A N G I R D L
E T T N E B M U C N I E O L E
N E O T S E F I N A M V L S D
C D O I P E O O D I T O T P G
Y V O E L E C T O R A T E Y E
D T E E A M U D N E R E F E R
```

- ○ BALLOT
- ○ CAMPAIGN
- ○ CANDIDATE
- ○ CHAD
- ○ CONSTITUENCY
- ○ COUNT
- ○ DEBATE
- ○ ELECTION
- ○ ELECTORATE
- ○ INCUMBENT
- ○ MAJORITY
- ○ MANIFESTO
- ○ PARTY
- ○ PLEDGE
- ○ POLLING
- ○ REFERENDUM
- ○ RESULTS
- ○ TURNOUT
- ○ VOTE
- ○ VOTER

RAILWAY STATION - Puzzle #54

```
M L A R E S T R O O M E E N G
S E C T S T A T I O N R A E E
I E E O G C E E E T U A E C R
G E L T N X E S S T S A R I R
N T T B P N C A R R I V A L S
A E R R A H E A T A T F F T E
G E E A E T P C T I R O G C D
E S S D C E E G T L C I N R M
S O U V D K B M I I R K G K R
T L G T I A A P I N O M E K O
E E G A G G U L G T I N R T F
N O E G T R G S A R A A A P T
I R A R G I G N I S S O R C A
V G N I D R A O B I A N R T L
E E V I T O M O C O L K E L P
```

- ○ ARRIVAL
- ○ BAGGAGE
- ○ BOARDING
- ○ CONNECTION
- ○ CROSSING
- ○ DEPARTURE
- ○ EXPRESS
- ○ FARE
- ○ LOCOMOTIVE
- ○ LUGGAGE
- ○ PLATFORM
- ○ RAIL
- ○ RESTROOM
- ○ SCHEDULE
- ○ SIGNAGE
- ○ STATION
- ○ TICKET
- ○ TIMETABLE
- ○ TRACK
- ○ TRAIN

ONLINE ORDER - Puzzle #55

```
R T S P P N T E R E D R O O T
D K H R T I N V O I C E N T I
I K I O E N P T R A C K I N G
S D P M T W I R E V I E W E D
C S P O U O G L V R N O D M T
O E I C D E L I V E R Y S Y S
U Y N O U T R V N I E I E A I
N V G D B R O W S E T E T P L
T E C E C R A N S E O E U E H
H N R I T C G I N T A C O N S
O D C E C C A R T P S R K T I
T O S O R O L S P N E A C D W
U R U D R S U P P O R T E H O
C N S N R U T E R O T S H C P
T W P R O D U C T O O S C Y C
```

- ○ ACCOUNT
- ○ BROWSE
- ○ CART
- ○ CHECKOUT
- ○ DELIVERY
- ○ DISCOUNT
- ○ INVOICE
- ○ ORDER
- ○ PAYMENT
- ○ PRODUCT
- ○ PROMO CODE
- ○ RETURNS
- ○ REVIEW
- ○ SEARCH
- ○ SHIPPING
- ○ SITE
- ○ SUPPORT
- ○ TRACKING
- ○ VENDOR
- ○ WISHLIST

VINTAGE STORE - Puzzle #56

```
S L A N Y U A C R E I A O E T
C A R R A P Q E R Y C I U R F
E L A I L D A A R A R G E E I
U L A O P D N L L E O L Y P R
E N L T S T L E T R C A Y U H
S O Q E I R U E E O E T O R T
I C C Q D Q Y O L C D S R P E
L A U I I U S L Y C H O T O U
R E C T H N E U T N Y N E S R
U S U I S C L A S S I C R E F
E O D E T A R U C Y T Q P I H
B F D I R A R V I N Y L N U A
L H B E U Q I N U C N D F A A
L L E E R E S A L E S N U D L
E G Y S E R U S A E R T S A D
```

- ○ ANTIQUE
- ○ BOUTIQUE
- ○ CHIC
- ○ CLASSIC
- ○ COLLECTIBLE
- ○ CURATED
- ○ DECOR
- ○ DISPLAY
- ○ ERA
- ○ FINDS
- ○ NOSTALGIA
- ○ REPURPOSE
- ○ RESALE
- ○ RETRO
- ○ STYLE
- ○ THRIFT
- ○ TREASURES
- ○ UNIQUE
- ○ UPCYCLE
- ○ VINYL

EGYPTIAN PYRAMIDS - Puzzle #57

```
T C R C T S H I S T O R Y F E
T I E M B A S K C M U S O I D
T V B E Y T S A N Y D B B B I
C I M S O C R A B T N C M G M
O L A N A O I A O C T S O S A
H I H G O Z T P G Y T D T A R
E Z C C P E U R Z T S B M B Y
M A N S T C A F I T R A E U P
G T U T I N L X O H Y S P R H
I I I V I T E R N B L T D I A
R O Z T T R A N C I E N T A R
A N E A H I R T E R H L B L A
I T L I M E S T O N E P I C O
O E P I E T E M P L E F S S H
T E T P L E R U S A E R T O K
```

- ○ ANCIENT
- ○ ARTIFACTS
- ○ BURIAL
- ○ CHAMBER
- ○ CIVILIZATION
- ○ COSMIC
- ○ DYNASTY
- ○ GIZA
- ○ GODS
- ○ GRANITE
- ○ HISTORY
- ○ LIMESTONE
- ○ OBELISK
- ○ PHARAOH
- ○ PYRAMID
- ○ RITUAL
- ○ SPHINX
- ○ TEMPLE
- ○ TOMB
- ○ TREASURE

STATES - Puzzle #58

```
Y E S R E J W E N A Y I K O K
A A I I N N A A N O G E R O E
M R S I A C N A R O A R L S N
N R O D K A B G E O R G I A T
A N A A I T T E X A S D A I U
O A I D O R M A I N E C N N C
D G N A H N I I G M S N N R K
A I A D A N E O D A A S I O Y
R H I I D N K V S M I O R F A
O C A R I Z O N A O O N U I L
L I N O N A A B N D A U O L A
O M A L N K A I O K A C S A S
C C S F R L L I M U N E S C K
O N O A A L A G L L N N I A A
A L O U I S I A N A O L M O A
```

- ○ ALABAMA
- ○ ALASKA
- ○ ARIZONA
- ○ ARKANSAS
- ○ CALIFORNIA
- ○ COLORADO
- ○ FLORIDA
- ○ GEORGIA
- ○ IDAHO
- ○ ILLINOIS
- ○ INDIANA
- ○ KENTUCKY
- ○ LOUISIANA
- ○ MAINE
- ○ MICHIGAN
- ○ MISSOURI
- ○ NEVADA
- ○ NEW JERSEY
- ○ OREGON
- ○ TEXAS

LOTTERY WINNINGS - Puzzle #59

```
E A L E W S C B T O F A U E C
G T S H S W E A L T H Y O N T
Y T E G C I N P T E H T E U O
R A L S N J R I W U R I A T P
E X Y N C I A P U R P U U R R
T E T O E R V C R C U N T O I
T S S N L A T A K U L N O F Z
O S E R E E W I S P S A P U E
L T F N B S G A C F O A I W S
T T I U R D N N E K Y T U M S
N C L M A H I I D O E E D C E
E R E B T T W W U R K T A M C
O I S E I S A T J L E S L A C
S U E R O T R D I C H A S D U
K T F S N E D T U S U E M R S
```

- ○ ANNUITY
- ○ CASH
- ○ CELEBRATION
- ○ CLAIM
- ○ DRAWING
- ○ DREAM
- ○ FORTUNE
- ○ JACKPOT
- ○ LIFESTYLE
- ○ LOTTERY
- ○ NUMBERS
- ○ PAYOUT
- ○ PRIZE
- ○ SAVINGS
- ○ SUCCESS
- ○ SURPRISE
- ○ TAXES
- ○ TICKET
- ○ WEALTH
- ○ WIN

DENTIST APPOINTMENT - Puzzle #60

```
A S O R R P P S E A B R U S H
G N I L L I F P A I N O A T O
H A M O S C I T L S L S I S T
E S R R L H A P H E S E Y G O
C Y E E O E S U H H T M F T T
N A L F O C A V I T Y C U R N
A R U E T K U D E S L E O G E
R - D R C U G S E E E A M S M
U X E R U P G S A N N A E A T
S T H A N N - N T A T E S H A
N G C L S I I N D O L I T C E
I I S M M N E E F L O S S N R
F D I A G N O S I S S T O T T
L L L N I S H R O S E S H H A
E T - A E R B T R H I H T I I
```

- ○ ANESTHESIA
- ○ BRUSH
- ○ CAVITY
- ○ CHECKUP
- ○ CLEANING
- ○ DENTIST
- ○ DIAGNOSIS
- ○ FILLING
- ○ FLOSS
- ○ GUMS
- ○ HEALTH
- ○ INSURANCE
- ○ PAIN
- ○ REFERRAL
- ○ SCHEDULE
- ○ SMILE
- ○ TOOLS
- ○ TOOTH
- ○ TREATMENT
- ○ X-RAY

BABY SHOWER PARTY - Puzzle #61

```
M W R A F F L E B H T I S C E
A R E Y O Y G O E H C S N A R
G L S R O V A F E B B N M S Y
E S Y J I M M A E A O B T R
B N L O V E E O Y L M I A Y T
I O G S S C S L N M B T C L S
T O O O I A T S Y G O A E I I
R L L S A Y F V B U K T R M G
E L E D B O I E O E L I N A E
W A O A I L G A S S I V N F R
O B B T S A A S E T E N I F S
H S E T K F P L I S R I T E A
S Y F F O K G E Y V A O J A A
S W E L C O M E R N R A O O E
B T C O N E S I E S G M W O I
```

- ○ BABY
- ○ SHOWER
- ○ GIFTS
- ○ GAMES
- ○ GUESTS
- ○ DIAPERS
- ○ CAKE
- ○ INVITATION
- ○ THEME
- ○ REGISTRY
- ○ BALLOONS
- ○ FAVORS
- ○ MOMMY
- ○ FAMILY
- ○ JOY
- ○ WELCOME
- ○ RAFFLE
- ○ BIBS
- ○ ONESIES
- ○ LOVE

AUTUMN HARVEST - Puzzle #62

```
C E G R A I N S C A S G R G L
A P R I P U E R U T A N O G G
S T Y T N U O B A T E U R T I
N P N P R O L O H P R M D R N
O I A A A E U E U D A S E E R
I T P P A E R S S R O F E A A
T N L V V C R C K R C R O P S
I O E M O N F E P N R S N I R
D S N R R I T I R R P E F R O
A A N A U K I O E L E L D R L
R E V F R P V E S L A P G I O
T S E R I M N R E A D P L E C
A G N G S U R T R F N A E R O
M S R S O P A T V G N I V R M
E O A G T N E S E A F S T H G
```

- ○ APPLES
- ○ BOUNTY
- ○ CIDER
- ○ COLORS
- ○ CORN
- ○ CROPS
- ○ FALL
- ○ FARM
- ○ FIELD
- ○ GATHER
- ○ GOURDS
- ○ GRAINS
- ○ LEAVES
- ○ MARKET
- ○ NATURE
- ○ PRESERVE
- ○ PUMPKIN
- ○ REAP
- ○ SEASON
- ○ TRADITION

32

GO TO THE GYM - Puzzle #63

```
S D E R T M T R A I N E R N R
W T O H I H H H T S R P W U O
N G A I T T S B E N C H O T U
Y I N U T S W O H I E G R R T
U A O I Q D L E A G O Y K I I
U R W D N S E L C S U M O T N
F M E Q U I P M E N T O U I E
S S I P C D A I R B H R T O D
W O G O S A S R G I B L H N L
I N H T H S R T T S T M B N I
E S T M E E R D N O N R U S U
T A S N A Q T S I T L U S D E
U E T I L E H A G O A L E S E
O I S E T G N I H C T E R T S
F N L A H H T R E A D M I L L
```

- ○ BENCH
- ○ CARDIO
- ○ DUMBBELLS
- ○ EQUIPMENT
- ○ FITNESS
- ○ GOAL
- ○ HEALTH
- ○ MUSCLE
- ○ NUTRITION
- ○ REPS
- ○ ROUTINE
- ○ SET
- ○ SQUATS
- ○ STRETCHING
- ○ TRAINER
- ○ TRAINING
- ○ TREADMILL
- ○ WEIGHTS
- ○ WORKOUT
- ○ YOGA

FRIENDLY ZOO - Puzzle #64

```
B R E W I L D L I F E Y R T A
I R A F A S F T I G E R E A R
B I R D S H R A C K M N P Y S
M E G X N E E A N A O E E F H
G A E A P A G O E I I S E I A
E Y E T L E M V L P M I K C B
E L I E T I R H I I B A S T I
E L X M U U T N A H P E L E T
E E R U S O L C N E L R F S A
N F I I D S R O T I S I V T T
T I F R A H P E N G U I N I A
I R I A H R L M I I A U O S R
D R R U R T I B I H X E E E A
A T F Q N I F E E D I N G I C
X F P A M R G A P G C A G A P
```

- ○ ANIMALS
- ○ AQUARIUM
- ○ BIRDS
- ○ CAGE
- ○ ELEPHANT
- ○ ENCLOSURE
- ○ EXHIBIT
- ○ FEEDING
- ○ GIRAFFE
- ○ HABITAT
- ○ LION
- ○ MAP
- ○ MONKEY
- ○ PENGUIN
- ○ REPTILE
- ○ SAFARI
- ○ TIGER
- ○ VISITORS
- ○ WILDLIFE
- ○ KEEPER

33

COZY WINTER EVENING - Puzzle #65

```
R L L I H C S T G E A A P R R
H O R L E I E S O L I G H T S
G K E P A J A M A S S E S R O
N C T S O N M H G N S N O W M
I A A N O E T I U F R O S T H
D N E F G C N G T S I K T S T
A D W S G A G K L R C A I T M
E L S L C L L C E O O S E L R
R E E A E P L A S G S F I R A
C S T S T E K N A L B C M A W
C C K E H R E R H S H S A O T
E R I C A I G N I L K C A R C
E U I T N F G S E N P R A L F
Q G O E I I Y W F D K E N A C
E L E R N W H S R E P P I L S
```

- ○ BLANKET
- ○ CANDLES
- ○ CHILL
- ○ COMFORT
- ○ CRACKLING
- ○ FIREPLACE
- ○ FROST
- ○ HYGGE
- ○ LIGHTS
- ○ PAJAMAS
- ○ QUIET
- ○ READING
- ○ SCARF
- ○ SLIPPERS
- ○ SNOW
- ○ SNUGGLE
- ○ SOCKS
- ○ SWEATER
- ○ TEA
- ○ WARMTH

WEDDING ANNIVERSARY - Puzzle #66

```
R R W S R A P E C N A M O R N
D O F E E S E E O D R S R E R
R O K L S M O K I E N F O V E
A A R P O G C N O E L O V E V
C I J U O W N E I C T P N N E
N R J O S E E I S N T F T D R
T O O C R E S R R A D A I U O
V T Y F E R R S S D P I R G F
A O S R A O E I R V A I N A S
N E S E R I O L D R R T C G A
E A Y E R R T S A O T E E E M
I A A O M O I F M R N V I O E
A O M O I E N O T S E L I M S
F E G A I R R A M A R Y T S S
M I W C V O W S S S M A M N T E
```

- ○ CAKE
- ○ CARD
- ○ COUPLE
- ○ DANCE
- ○ DATE
- ○ DINNER
- ○ FLOWERS
- ○ FOREVER
- ○ GIFT
- ○ JOY
- ○ LOVE
- ○ MARRIAGE
- ○ MEMORIES
- ○ MILESTONE
- ○ PARTNER
- ○ RINGS
- ○ ROMANCE
- ○ TOAST
- ○ VOWS
- ○ YEARS

34

SOCIAL MEDIA - Puzzle #67

```
F E E D I E A W O L L O F U E
I G N I D N E R T T S L R E L
I F E T T H A S H T A G N O G
V S U B S C R I B E I N M T I
I C L E E F R I E N D S S S I
R N A D I K R L S R M A A O B
A N S L R E I C T R F A E P A
L E T R G F F G O N E T B I U
E E M G O S S F A M E D M T D
R L L R F L T S I T M T Y P I
A V P I S A O D P B B E N O E
H P L I L E R E L D D G N O N
S E G P R M Y I A D R L O T C
M A E R T S K C N R B S T T E
F I T I M E L I N E I S O I N
```

- ○ AUDIENCE
- ○ COMMENT
- ○ CONTENT
- ○ FEED
- ○ FILTER
- ○ FOLLOW
- ○ FRIENDS
- ○ HASHTAG
- ○ LIKE
- ○ PLATFORM
- ○ POST
- ○ PROFILE
- ○ SHARE
- ○ STORY
- ○ STREAM
- ○ SUBSCRIBE
- ○ TAG
- ○ TIMELINE
- ○ TRENDING
- ○ VIRAL

SELF-CARE AND CARE - Puzzle #68

```
N O I T I R T U N T I P K I I
M S S S S E H M E A U R L A I
L P B L E T E S A T S O E S R
A L A E N T A E N S S W D E U
C A L E I O L R E E S E L E N
S E A P T A I T S L S A R E O
S E N C U L N T A I X S G N I
E R C F O E G I C O R L A E T
N A E S R A M R A E N N S I A
D C P A M P E R P M F N I G R
N N E Y I X N E R N P F A Y D
I I K R E A T N T O S N A H Y
K K T S R O A C P D R N N X H
T S O I I S L A S U P P O R T
P W E L L N E S S S T N C I R
```

- ○ AFFECTION
- ○ BALANCE
- ○ CALM
- ○ EXERCISE
- ○ HEALING
- ○ HYDRATION
- ○ HYGIENE
- ○ KINDNESS
- ○ MASSAGE
- ○ MENTAL
- ○ NUTRITION
- ○ PAMPER
- ○ RELAX
- ○ REST
- ○ ROUTINE
- ○ SKINCARE
- ○ SLEEP
- ○ SPA
- ○ SUPPORT
- ○ WELLNESS

35

SWEET DREAMS - Puzzle #69

```
C L U R U N E U S L T I D C E
D T A O H M L A C E A B I O L
T L W H G U R E B M U L S M G
P I E L L I R M E D R D F G
N A P L H M U I S L E E P O U
R H A H T H G I L N O O M R N
I B D Y H Y T I N E R E S T S
Y D P B E D T I M E T P M E W
P R F A N T A S Y E I S E K H
H E E Y R A P E T L A T K N I
Y A I T E Y S L L Y E A B A S
G M O H S S C O Z Y E R H L P
P A E G T I W G E R S S L B E
L M N I I A O S A P E A C E R
E I G N R S Q U I E T S Z H R
```

- ○ BEDTIME
- ○ BLANKET
- ○ CALM
- ○ COMFORT
- ○ COZY
- ○ DREAM
- ○ FANTASY
- ○ LULLABY
- ○ MOONLIGHT
- ○ NIGHT
- ○ PEACE
- ○ PILLOW
- ○ QUIET
- ○ REST
- ○ SERENITY
- ○ SLEEP
- ○ SLUMBER
- ○ SNUGGLE
- ○ STARS
- ○ WHISPER

FAVORITE DESSERTS - Puzzle #70

```
U S L C O F E S S U O M S D A
E K U R M U B A K L A V A L A
T K T N E E L C I S P O P E C
T S P K D T E U P D B E D N U
I G I U O A R P E P P L O O U
R E E O F O E C A I I F N C I
A L G T L R I A L C E F U S E
M A D N E U C K R E G U T E G
I T U D K B A E U K N R A I D
S O F C L B R N D A I T O K E
U K E O C I R O A C D E C O K
K O D O K D N B S P D E O O N
O F N E I N W O R B U U M C O
T K K M A C A R O N P S D S M
A A N U R S T A R T R G U P B
```

- ○ BAKLAVA
- ○ BROWNIE
- ○ CAKE
- ○ COOKIES
- ○ CUPCAKE
- ○ DONUT
- ○ ECLAIR
- ○ FUDGE
- ○ GELATO
- ○ MACARON
- ○ MOUSSE
- ○ PIE
- ○ POPSICLE
- ○ PUDDING
- ○ SCONE
- ○ SORBET
- ○ SUNDAE
- ○ TART
- ○ TIRAMISU
- ○ TRUFFLE

ROLLER COASTER - Puzzle #71

```
A I R R C R S E A T B E L T M
T T Y T Y L I N C O R A E K U
I K V L U S K A C S E E S T D
T L R O D P S E Y T I V A R G
R G A N O C L I M B R A K E S
A K K R W P S L L A C R H T R
I S D I N T O T I O S S H W E
N S A S W E D O R H Y T R I E
N R U T D R I K L Y N U N S D
S L S I I W S K L T T W D T I
E P E T K C L I I R E R O R R
S S E L R A E F R A I A E D U
T U U E U E U Q H C A R G N S
U C W E D T T H T K H S B S H
L S A F E T Y R H T H G I E H
```

- BRAKES
- CLIMB
- CORKSCREW
- DOWNHILL
- DROP
- FEARLESS
- GRAVITY
- HEIGHT
- LOOP
- QUEUE
- RIDE
- RUSH
- SAFETY
- SEATBELT
- SPEED
- THRILL
- TRACK
- TRAIN
- TURN
- TWIST

SUMMER FESTIVALS - Puzzle #72

```
F E L U S R K P A R A D E S D
N B O C A T P C G F F U N R E
V E N D O R S N H T S D U O N
S N S L A V I N R A C A S I E
F T C H S C D I E F C F A S E
T I F C N V M B C S O M R G R
T E R A O O R A H O S W U N C
S N D E R O U T D O O R F I S
E I R B W C O T F S E D S E N
I H W W W O R N R T E U T C U
R S T D B U R D N U M G N E S
O N E M C R W K A O R W A E O
M U O K B O E N S C F G E T N
E S S T R E C N O C T E N T S
M T F C T G A M E S M N O O E
```

- MUSIC
- CARNIVAL
- CROWD
- FOOD TRUCKS
- DANCING
- PARADE
- FIREWORKS
- STAGE
- VENDORS
- OUTDOOR
- TENT
- CONCERT
- SUNSCREEN
- FUN
- BOOTHS
- CRAFTS
- GAMES
- SUNSHINE
- BEACH
- MEMORIES

AUTUMN IN NEW YORK - Puzzle #73

```
S R N E K D E T E I A A P T A
E E Y Z L Y I B L I H E S R M
E A L E A D F S U N S E T I A
B F K E W L S O A R V I V V N
F R O R I A P S I R C I G E H
I S O B F S W E A T E R O R A
E C R A L A E H R S D A L S T
E G B E D E S U B W A Y D I T
N F A C B W A H W B E B E D A
I A L I E K A V I L C E N E N
L E O E L W E Y E O T R R H E
Y A A A U O A I F S N I M V S
K F N V O G F F E F Y L W B W
S I S R F F E S T I V A L S Y
L L I H C E N T R A L P A R K
```

- ○ BREEZE
- ○ BROADWAY
- ○ BROOKLYN
- ○ CENTRAL PARK
- ○ CHILL
- ○ COFFEE
- ○ CRISP AIR
- ○ FASHION
- ○ FESTIVALS
- ○ FOLIAGE
- ○ GOLDEN
- ○ HARVEST
- ○ LEAVES
- ○ MANHATTAN
- ○ RIVERSIDE
- ○ SKYLINE
- ○ SUBWAY
- ○ SUNSET
- ○ SWEATER
- ○ WALK

THEATER - Puzzle #74

```
D I E S F G G H G T S T A G E
O G C A P L A Y P T D T U E R
D N N A A T F A R C R T E O T
A D E S I G N A E E A R C N R
G N I T H G I L T I M F N O E
D A D I E M C P N E A R A I V
R G U C R O T C E R I D M T I
E P A E T I E I T O M T R C E
H A P P L A U S E E P D O U W
E L T N S T P I R C S G F D S
A C S C E N E C R O E Y R O I
R C P F S T E K C I T T E R F
S E L A C I S U M R A C P P N
A D N W R L C S C U R T A I N
L A T A I S R A E S R D A R L
```

- ○ ACTORS
- ○ APPLAUSE
- ○ ARTS
- ○ AUDIENCE
- ○ CURTAIN
- ○ DIRECTOR
- ○ DRAMA
- ○ LIGHTING
- ○ MUSICAL
- ○ PERFORMANCE
- ○ PLAY
- ○ PRODUCTION
- ○ REHEARSAL
- ○ REVIEWS
- ○ SCENE
- ○ SCRIPTS
- ○ DESIGN
- ○ STAGE
- ○ CRAFT
- ○ TICKETS

DONATE AND CHARITY - Puzzle #75

```
S F R O A I D D O N A T I O N
G E N E R O S I T Y A C N R N
T R O P P U S R E L I E F T C
O S E C R U O S E R R L Y D A
K I N D N E S S T I T L O L S
G I F T I Y N O N P R O F I T
R I I M P A C T C S N C I L R
E C T N E V E H E R A R O A C
E E T E O A O U T R E A C H I
T I S H O L I O T E S U A C Y
N D E D U T I T A R G R T H E
U P E N F U N D R A I S E R E
L F I N G I E C N T G L R R T
O O S I E T T O Y F P N S P N
V E T C E I G E E P O H A P E
```

- AID
- CAUSE
- CHARITY
- COLLECT
- DONATION
- EVENT
- FUNDRAISER
- GENEROSITY
- GIFT
- GRATITUDE
- HELP
- HOPE
- IMPACT
- KINDNESS
- NONPROFIT
- OUTREACH
- RELIEF
- RESOURCES
- SUPPORT
- VOLUNTEER

WEEK IN HAWAII - Puzzle #76

```
U A E L L N L N O T L O H N O
G B R E O I O R L P H I O C N
H U U K P G R O N L H O R O U
L L I S L A N D G E R L E R V
N A K T S S L I R A Z H U A G
C C E E P K M K R L C L L N
N I V S S N L S B I R O W T I
S P O N C I L B E N H U A E L
U O L U U C D E T A S A T U E
R R C S L E O A C O D U E O K
F T A E T C U C R R S L R T R
I E N I U O E H O A H N F N O
N T O B R E E Z E N P F A L N
G L O E E S E L T R U T L G S
N E N I H S N U S E G T L R S
```

- ALOHA
- BEACH
- BREEZE
- COCONUT
- CORAL
- CULTURE
- HIKING
- ISLAND
- LAGOON
- LUAU
- PALM
- PARADISE
- SNORKELING
- SUNSET
- SUNSHINE
- SURFING
- TROPICAL
- TURTLES
- VOLCANO
- WATERFALL

ASTRONOMY - Puzzle #77

```
I I U N I V E R S E P E E O A
S E S E R R C O S M O S E M A
L C A E S T E N A L P R K E L
A H E S G A L A X I E S O E U
R S L M L S R C L E A A M E B
L A C A E O H C E N T T S I E
A L O E E X E P S O E U C E N
O F H T E N A L P O X E D T T
O S E I K V P A A M E I T I L
A M L B B L A C K H O L E L R
A N E R C O M E T R C S U L M
T R A O T T H E E C A P S E L
C T G R A V I T Y E I E T T E
S N E P O C S E L E T H E A N
O L R A S A U Q R N L S E S N
```

- ○ ASTEROID
- ○ BLACK HOLE
- ○ COMET
- ○ COSMOS
- ○ ECLIPSE
- ○ EXOPLANET
- ○ GALAXIES
- ○ GRAVITY
- ○ FLASH
- ○ METEOR
- ○ NEBULA
- ○ ORBIT
- ○ PLANET
- ○ QUASAR
- ○ MOON
- ○ SATELLITE
- ○ SPACE
- ○ STAR
- ○ TELESCOPE
- ○ UNIVERSE

WORK AT HOME - Puzzle #78

```
Y T I V I T A E R C S E A D G
U E G T D R S P A C E T O I T
O G N S A R T E S U C O F S Y
Y U I R K S M G N I C M R T L
T O T G N I K R O W T E N R V
I T E B A L A N C E E R I A I
V E E E C C A N E R F N E C R
I N M I I I T P B M Z O C T T
T R B L K G O R T A A T Z I U
C E I E U O E F O O F I E O A
U T Y C Y A A S R F P I L N L
D N S E K L A S N L M O T S U
O I A S L S R G E M O O Z T P
R E L M H R A T O F F I C E E
P I S C H E D U L E O T S R N
```

- ○ BALANCE
- ○ BREAKS
- ○ COMFORT
- ○ CREATIVITY
- ○ DISTRACTIONS
- ○ EMAILS
- ○ FOCUS
- ○ GOALS
- ○ INTERNET
- ○ LAPTOP
- ○ MEETING
- ○ NETWORKING
- ○ OFFICE
- ○ PRODUCTIVITY
- ○ REMOTE
- ○ SCHEDULE
- ○ TASK
- ○ VIRTUAL
- ○ SPACE
- ○ ZOOM

SELF-DEVELOPMENT - Puzzle #79

```
N O I T A V O N N I G D D E I
T N E X P E R I E N C E C C A
I K C N G U A N I C O T R N C
T O N B O O E N H T U L E E R
O L O O A S R A R N R M A I O
S O I O W A L A D E S O T L M
K R I P E L I A N A E D I I T
I K W L E N E I O P S S V S E
L T I N I A L D E G X I I E S
L C G N N P S S G G O W T R D
S E G O I S U C C E S S Y S N
M T X C I S O K H T W O R G I
O M S S K P I H S R O T N E M
L I S N O I T A V I T O M G L
D N R P N O I T C E L F E R L
```

- ○ BOOK
- ○ CHALLENGE
- ○ COURSES
- ○ CREATIVITY
- ○ DISCIPLINE
- ○ EXPERIENCE
- ○ GOALS
- ○ GROWTH
- ○ INNOVATION
- ○ KNOWLEDGE
- ○ LEARNING
- ○ MENTORSHIP
- ○ MINDSET
- ○ MOTIVATION
- ○ REFLECTION
- ○ RESILIENCE
- ○ SKILLS
- ○ SUCCESS
- ○ TRAINING
- ○ WISDOM

NIGHT FLIGHT - Puzzle #80

```
L N J V N L I G H T S U O A A
T U R B U L E N C E T R L D S
E G N I D N A L L F L L H W T
N O I T A G I V A N E A J O A
D E P A R T U R E T B E O D R
N S D U O L C E W Y T T U N S
A P A A R R I V A L A D R I I
E C A B I N I T A I E A N W S
A R T A T A N G S C S C E T S
I A A O O I E A T O U T Y S N
O I K A S N F C T I T T K U K
T A U G I E R E R E E H S E O
W W T U T E D U T I T L A R K
J E O Y W A V I A T I O N T O
R D N T A K E O F F R S A W T
```

- ○ AIRCRAFT
- ○ ALTITUDE
- ○ ARRIVAL
- ○ AVIATION
- ○ CABIN
- ○ CLOUDS
- ○ CREW
- ○ DEPARTURE
- ○ JET LAG
- ○ JOURNEY
- ○ LANDING
- ○ LIGHTS
- ○ NAVIGATION
- ○ SAFETY
- ○ SEATBELT
- ○ SKY
- ○ STARS
- ○ TAKEOFF
- ○ TURBULENCE
- ○ WINDOW

ENTERTAINMENT - Puzzle #81

```
D O E C N O I T I B I H X E S
G R I R M R I G R A I S O T H
N H A T E N S B X E O N S D F
I G A M E S T O M U C A A E A
M C F G A N S O A C C N S A X
A Y C O K S V K Y D C T O E E
E T R O A I E S O E I R R C S
R Y A O E R N P R V T V H N T
T M D S H S A E A S C E C R N
S G Y E R U T L U C Y H N M E
S E N R M A I T Y T E I R A V
H D T A E O D L R C I S U M E
O C H H T D C N L A H O T A A
W A T N E E M A G A Z I N E S
S E C N A M R O F R E P I G E
```

- ○ ART
- ○ BOOKS
- ○ COMEDY
- ○ CONCERT
- ○ CULTURE
- ○ DANCE
- ○ DRAMA
- ○ EVENT
- ○ EXHIBITION
- ○ FESTIVAL
- ○ GAMES
- ○ MAGAZINES
- ○ MOVIES
- ○ MUSIC
- ○ PERFORMANCE
- ○ PODCAST
- ○ SHOWS
- ○ STREAMING
- ○ THEATER
- ○ VARIETY

SUMMER FITNESS DAY - Puzzle #82

```
R S S E N L L E W T U Y N E L
S A O U T D O O R V T O R G C
R T E R U T N E V D A G V N K
M O T I V A T I O N T A L E V
S W I M A N T E A M I Y L L W
H Y D R A T I O N E I N U L N
E O A I S N V S I I I C G A T
H T O T U O K R O W H N N N H
R Y G E H S E R F E R S I C I
R I E Y R A C T I V E G N T U
S N U T R I T I O N N L N U N
I Y U H T L A E H I O A U W S
E E E F U H T F K N K O R U W
I C E X E R C I S E H S N A I
I O N C E N B A L A N C E I T
```

- ○ ACTIVE
- ○ ADVENTURE
- ○ BALANCE
- ○ BIKING
- ○ CHALLENGE
- ○ EXERCISE
- ○ FUN
- ○ HEALTH
- ○ HYDRATION
- ○ MOTIVATION
- ○ NUTRITION
- ○ OUTDOOR
- ○ REFRESH
- ○ RUNNING
- ○ SUNSHINE
- ○ SWIM
- ○ TEAM
- ○ WELLNESS
- ○ WORKOUT
- ○ YOGA

CAMPING - Puzzle #83

```
P A A I T I A D V E N T U R E
L T O A N I A F I P A O O N U
S N G G G A B G N I P E E L S
S R T E N T E R U T A N T U N
A E S T I I P C V T R A I L A
P T T B T A H C G C R R N I A
M N A A M O G S N S A W C P E
O A R C E U G N I E O N A C F
C L G K F T C N K F P A M M I
F I A P O D O A G E N P G L
R R Z A R O G R O N E Q F C D
I P I C E O N S C I R N I U L
E G N K S R U N R K E T R T I
N O G I T N E M P I U Q E Z W
D I I R L C E L G H K E I I F
```

- ADVENTURE
- BACKPACK
- CAMPFIRE
- CANOEING
- COMPASS
- COOKING
- EQUIPMENT
- FRIEND
- FISHING
- FOREST
- HIKING
- LANTERN
- MAP
- NATURE
- OUTDOOR
- SLEEPING BAG
- STARGAZING
- TENT
- TRAIL
- WILDLIFE

PROPOSAL - Puzzle #84

```
O I E I S I R E H T E G O T O
R S Y R P U R T E V O L P S R
O E O G E I R T S U N C O E S
M S J H N S U P P O R T R O J
A S P E O I O R R U F S R K O
N I R A I U S S E I E A N O C
C K O R T G N S N V S E R U R
E E M T N N A O E O E E A N T
U G I E E I L N I L I R P G O
S A S P T R E B P T B T O K E
E I E L N H R U R N C M O F S
R R V T I E O N U N F E I M H
E R N A L C M T U U E P F T E
G A F T Q U E S T I O N N F R
U M E L V S O E R U T U F E A
```

- AFFECTION
- BLESSING
- COUPLE
- EMOTIONS
- FOREVER
- FUTURE
- HEART
- INTENTION
- JOY
- KISSES
- KNEEL
- LOVE
- MARRIAGE
- PROMISE
- QUESTION
- RING
- ROMANCE
- SUPPORT
- SURPRISE
- TOGETHER

43

DOWNTOWN - Puzzle #85

```
S T S I R U O T S E S U B E C
T N N E P S C I T Y B C C F S
T F A U I A R N A E E F F I R
E C L B B S L P I R C H A L E
E C R O U T É A S U T I S T P
C É U R S A C R S T R S E H A
A A E F I E Y K I C T T V G R
L T F N N M H S D E R O E I C
P N S É E S B L E T A R N N S
T A T A S A C L W I F I T S Y
E R R H S S P A A H F C S S K
K B E L E C U M L C I E P I S
R I E S P O H S K R C L E T K
A V T L E C K T S A E I I T É
M E S T E R U T L U C S E I R
```

- ○ ARCHITECTURE
- ○ ART
- ○ BUSES
- ○ BUSINESS
- ○ CAFÉS
- ○ CITY
- ○ CULTURE
- ○ EVENTS
- ○ HISTORIC
- ○ MALLS
- ○ MARKETPLACE
- ○ NIGHTLIFE
- ○ PARKS
- ○ SHOPS
- ○ SIDEWALKS
- ○ SKYSCRAPERS
- ○ STREETS
- ○ TOURISTS
- ○ TRAFFIC
- ○ VIBRANT

HOME LIBRARY - Puzzle #86

```
F T R O F M O C S R V Y Z O C
R C C A A A Q U I E T D E V H
S L E V O N I G O G R L G C A
I S H E L V E S E K I I F I I
I Q U G T T F N I A O T I M R
Y R E O N T R I E G I E C A G
O R N O D E S K O O B R T G N
B C A I S L R L F K I A I I I
E O I R E I A I R M R T O N T
T S U D B T S E I G N U N A H
E G A C A I R I I S T R R T G
Y E M C Q H L C I S I E T I I
S T U D Y S R E A D I N G O L
S I R E F E R E N C E V A N G
N O N F I C T I O N V V U S C
```

- ○ BOOKS
- ○ CATALOG
- ○ CHAIR
- ○ COMFORT
- ○ COZY
- ○ DESK
- ○ DUST
- ○ FICTION
- ○ GENRES
- ○ IMAGINATION
- ○ LIBRARY
- ○ LITERATURE
- ○ LIGHTING
- ○ NONFICTION
- ○ NOVELS
- ○ QUIET
- ○ READING
- ○ REFERENCE
- ○ SHELVES
- ○ STUDY

HISTORICAL FACTS - Puzzle #87

```
Y C A G E L U M E A A R H I S
D I S C O V E R Y O I T E T T
P H T N E M U C O D N N C O G
E C T R O T G A D N I A C N D
G R E E L I T W P C F C O F O
A A T U E O T A A I R I C R I
T E C S V T U A T R T F C E R
I S T E E L N R Z I N I A V E
R E Y N N R A E D I R N U O P
E R R I T G I A I A L G I L D
H I O L S T R P I C I I N U A
N S T E X T T T M L N S V T O
I T S M E R F A N E I A R I E
T I I I A E X P L O R E T O C
A R H T A D S O C I E T Y N R
```

- ANCIENT
- ARTIFACTS
- CIVILIZATION
- CULTURE
- DISCOVERY
- DOCUMENT
- EMPIRES
- EVENTS
- EXPLORE
- HERITAGE
- HISTORY
- LEGACY
- PERIOD
- RESEARCH
- REVOLUTION
- SIGNIFICANT
- SOCIETY
- TIMELINE
- TRADITION
- WAR

RIVERS OF THE WORLD - Puzzle #88

```
D Z R N S Y A N G T Z E S L Z
I E Y O S N I L E S O O E G E
O K D Z S O W O L L E Y E N N
E I I A M S S T I P S B M S I
M I P M N D S N H B K S I C H
Y Z D A A U A C S A P U S O R
U E H K M H B M G E M E S L K
K B N O O L E E R G E I O S
O M Z S O K A B O D A A S R L
N A L I O A A A N S R E S A L
U Z R N R R I I E A S B I D M
G E G A P M S G H U M A P O A
R L O E I N O A D W W A P I E
U I E A N I S N O I S E I N E
N L R S D I I T I G R I S Y L
```

- AMAZON
- COLORADO
- DANUBE
- DNIPRO
- HUDSON
- INDUS
- LOIRE
- MEKONG
- MISSISSIPPI
- NILE
- OKA
- RHINE
- SAHARA
- SEINE
- THAMES
- TIGRIS
- YANGTZE
- YELLOW
- YUKON
- ZAMBEZI

SAHARA - Puzzle #89

```
I N L E M A C R E A D E T T W
T N R S I D T C U A I R I R S
S M I S S E S L E S E N R W A
N A E E F S X G R K E N H I V
C P C N I E A P K A E I E L A
R L D U S R I I A S D A R D N
A R I D I T N A A N D R L L N
Y N E M S G V L S E S R T I A
R S C T A E H E S L S E S F H
S D N I O T C S S L I T L E U
U M N T E E E T M M T S C I A
N I D A E N Y N O M A D S T E
S I I G S U T C A C S N I O O
E R E U I A L N I C E I S R F
T A S T C A A I A S G V R F K
```

- ANCIENT
- ARID
- CACTUS
- CAMEL
- CLIMATE
- DESERT
- DRY
- DUNES
- EXPANSE
- FOSSILS
- HEAT
- MIRAGE
- NOMADS
- OASIS
- SAND
- SAVANNAH
- SUNSET
- TERRAIN
- TREKKING
- WILDLIFE

MULLED WINE - Puzzle #90

```
N R G N H B R D U T M E V I M
I W M E K A R V R E E M C L A
T R G F B I H G R I B N F U I
N O M A N N I C L O V E S S C
M U R K L R O S P I C E S O O
D E L I C I O U S C S G C R R
M E I I H I B A I B A I O C G
S N R R E R G O C R N E M R I
U N O D E W E R B E C O F A G
G M V W R C M A E C W E O E O
A O A P T V T N S I T R R L I
R E L A E E U G N P H M T W S
R C F E G U N E N E R R G A T
S G O H S I N R A G T O C R I
B G N I R E H T A G E I S M R
```

- BREW
- BREWED
- CHEER
- CINNAMON
- CLOVES
- COMFORT
- DELICIOUS
- DRINK
- FLAVOR
- GARNISH
- GATHERING
- HEAT
- NUTMEG
- ORANGE
- RECIPE
- SPICES
- STIR
- SUGAR
- WARM
- WINE

TO BE A FRIEND - Puzzle #91

```
G E R E L I S T E N I N G B O
R S R E U D E R A H S N E O O
I G R U T Y E H T C R Y I E N
S T T F T H O E E V E T P E N
U C A R I N G J N S S L M G O
P O R M E I E U U S P A U C T
P E T S O V S V A M E Y C O B
O T T E E N E D L C O T M O
R Y E T S U R T O A T L R P N
T I R E H T E G O T D S A A D
O S S E N D N I K G C S E S I
E V I G R O F T N R C T H S N
F R M N O I T C E N N O C I G
T N T E T P E O E C I U G O N
S I V S E I R O M E M J F N V
```

- ○ ADVENTURE
- ○ BONDING
- ○ CARING
- ○ COMPASSION
- ○ CONNECTION
- ○ FORGIVE
- ○ FUN
- ○ HEART
- ○ HONESTY
- ○ JOY
- ○ KINDNESS
- ○ LAUGHTER
- ○ LISTENING
- ○ LOYALTY
- ○ MEMORIES
- ○ RESPECT
- ○ SHARED
- ○ SUPPORT
- ○ TOGETHER
- ○ TRUST

INDOOR PLANTS - Puzzle #92

```
T E S R S G T G H T N A E V L
T E U O C A R T R A A H C T T
H A I F E I C O R S E E P H P
U L E E N O P R W R S O G G E
M O Y R S I R O B T T C T I R
I W U T C C E S O S H S Y L U
D - E I E U A S S E E A U N T
I L T L L I T C L L T V R U R
T I N I W T R O T B I R A S U
Y G E Z E O O A S U C O - E N
S H O E W L T O V E S C O N L
P T G R E E N E R Y P E S A A
F O L I A G E O E E S D S T Y
S L W A T E R I N G E E C S T
T N E L U C C U S G R I I E T
```

- ○ AESTHETICS
- ○ CACTUS
- ○ DECOR
- ○ FERTILIZER
- ○ GREENERY
- ○ GROWTH
- ○ HERBS
- ○ HUMIDITY
- ○ FOLIAGE
- ○ LEAVES
- ○ LOW-LIGHT
- ○ NURTURE
- ○ POT
- ○ ROOT
- ○ SOIL
- ○ SUCCULENT
- ○ SUNLIGHT
- ○ TROPIC
- ○ VARIETY
- ○ WATERING

47

FORMULA 1 - Puzzle #93

```
O S E E I A S G G I P Y I M T
I S T R Q G M I R A R R E F A
A E A E A M I G L Y A D R R A
R T U M E K A T R E V O T D T
D R G S T E L E M E T R Y G R
E A N P I T S T O P E T E A M
Y C I E E I E E N G I N E I L
G Y Y G G C O S R U A E T S A
E T F G N A A P C S R I E A N
T E I A I D I R G H M R G P I
A F L R C O I R E V I R D D E
R A A E A C D G R T R C E R E
T S U E R P I P I D I E A R P
S D Q S T N I O P I P E R N I
D O P O D I U M E S T T S Y E
```

- ○ CHICANE
- ○ CIRCUIT
- ○ DRIVER
- ○ ENGINE
- ○ FERRARI
- ○ GRID
- ○ LAP
- ○ OVERTAKE
- ○ PIT STOP
- ○ PODIUM
- ○ POINTS
- ○ QUALIFYING
- ○ RACE
- ○ RACING
- ○ SAFETY CAR
- ○ SPEED
- ○ STRATEGY
- ○ TEAM
- ○ TELEMETRY
- ○ TIRES

YOUR DIARY - Puzzle #94

```
S D D I R E F L E C T I O N A
E G L A R C H R O N I C L E I
Y T I V I T A E R C T L I I R
V C R G C L O I A N O T E S I
N F L O O A Y I S O O F E E E
S E H E O T R O U T I N E G H
E E I U S S H E I L R T N A N
I L I N S P I R A T I O N P S
R I F S W R I T I N G N G L R
T N R R L A D Y I D R E A M S
N G E E M O T I O N S O I A S
E S Y P R I V A C Y G E E F I
A Y M E M O R I E S I D I L S
E E A J O U R N A L I I I U S
T H O U G H T S A O C E C O L
```

- ○ CHRONICLE
- ○ CREATIVITY
- ○ DAILY
- ○ DREAMS
- ○ EMOTIONS
- ○ ENTRIES
- ○ FEELINGS
- ○ GOALS
- ○ IDEAS
- ○ INSPIRATION
- ○ JOURNAL
- ○ LIFE
- ○ MEMORIES
- ○ NOTES
- ○ PAGES
- ○ PRIVACY
- ○ REFLECTION
- ○ ROUTINE
- ○ THOUGHTS
- ○ WRITING

48

CAR SERVICE - Puzzle #95

```
A Y C N E G R E M E E I U A S
Y T L U B R I C A T I O N L T
R N O I E N I G N E I S R D R
E E N H T U N T Q L E E P I A
T M E O T N B L C N M C U A P
T N A E I B I H R O N S - G M
A G T A E T A Q T T E N E N E
B I Y Q E N C S U A E N N O C
L L T E G E U E D O T S U S H
U A N E A C O N P I T F T T A
S O A E N R O A Q S U E A I N
E R R G R E P A I R N L U C I
R I R E L U D E H C S I F A C
I N A A U G N I N A E L C Y L
T E W S P Y R A S E K A R B N
```

- ALIGNMENT
- BATTERY
- BRAKES
- CLEANING
- CUSTOMER
- DIAGNOSTIC
- EMERGENCY
- ENGINE
- FLUIDS
- INSPECTION
- LUBRICATION
- MECHANIC
- OIL CHANGE
- PARTS
- QUOTE
- REPAIR
- SCHEDULE
- TIRES
- TUNE-UP
- WARRANTY

SUMMER SUNSET - Puzzle #96

```
L Y R E N E C S O E N E R E S
E C I T N A M O R O T K S U D
G O K R U U P I N K C D M D L
E N R L L M E M O R I E S T E
T E I E V E N I N G Z I E E B
H S O R A N G E F Y E E G A O
G T M S E S Y C D S T L E L E
I G C E E H U U R I O U E U C
L H Z S S N T E L N R Z A F N
I O L C E S E A N T E E R E L
W R U L R L R K G E L Y D C B
T I R O I O N U R U C L S A I
G Z L U L H I B L I O E M E K
V O S D R Y C E I G E O E P M
C N D S K Y S R O O D T U O O
```

- BEAUTY
- BREEZE
- CHILL
- CLOUDS
- COLORS
- DUSK
- EVENING
- GATHERING
- GOLDEN
- HORIZON
- MEMORIES
- ORANGE
- OUTDOORS
- PEACEFUL
- PINK
- ROMANTIC
- SCENERY
- SERENE
- SKY
- TWILIGHT

MOTHER'S DAY - Puzzle #97

```
L S I N O F L O W E R S R O T
E M F R T G M G U H S D I N E
L N C K I N D N E S S O N I M
I A I A H T O I I A Y S G U H
M T U E R C A R I N G E R N L
T E R G R D T O T I E C A C S
R N E R H S S N D D T S T O U
E J H G R T R O L B T E I E P
S G T Y O J E H P C T R T S P
P T O G E T H R H F I D U S O
E A M V D E A E I H M I D E R
C E O N D U R G P E E R E R T
T L O N O I T A I C E R P P A
N B I L S E I R O M E M N I C
R U C H U E S I R P R U S E R
```

- APPRECIATION
- BOND
- CARDS
- CARING
- CHERISH
- FLOWERS
- GIFT
- GRATITUDE
- HONORING
- HUGS
- JOY
- KINDNESS
- LAUGHTER
- LOVE
- MEMORIES
- MOTHER
- RESPECT
- SUPPORT
- SURPRISE
- TIME

POSTAGE STAMPS - Puzzle #98

```
O K R A M T S O P D F D A T S
E U L A V S Y D O M E S T I C
D C O R E R P I T S P P I Y O
L T S N O K R O I P R L C L R
D D D T A E E G S K E E E E M
E E S V E K N T I T R R C T S
R I L I E F R S H E A I S A T
H P O I R P M O A E P G Y L A
E K A E V T E E W I M A E I M
K E P O L E V N E T L E H H P
L I T T E A R N R A R E O P P
D R I R T Y T Y T L R A A G P
T R A C K I N G E C A F R U S
E C I Y T I R O I R P E R I D
L E T T E R N O M A I L E T U
```

- ARTWORK
- DELIVERY
- DESIGN
- DOMESTIC
- ENVELOPE
- HISTORY
- LETTER
- MAIL
- PHILATELY
- POSTAGE
- POSTMARK
- PRIORITY
- RARE
- RECIPIENT
- SENDER
- STAMP
- SURFACE
- THEME
- TRACKING
- VALUE

CASINO - Puzzle #99

```
Y S T M R S E S E C U R I T Y
E T A P A E E T T E L U O R S
C E R R G C L R E K O P P M N
C B L A C K J A C K R S C C R
K U H T E R P J E T E C A R T
E F O R E K C D I D S E M A G
A F U C E U A W W T O O E P R
G E S R C P R I H S R E P S J
A T E O S A D N P A T S S A U
M S E U P C S I I E D I C L C
B R D P A N H I T C S K T S A
L E G I Y C A L N H P U C E R
I U E E O S R L S O B O H I L
N E B R U H K S T O L S C B T
G C E S T H I G H R O L L E R
```

- ○ BLACKJACK
- ○ BUFFET
- ○ CARD SHARK
- ○ CASINO
- ○ CHIPS
- ○ CRAPS
- ○ CROUPIER
- ○ DEALER
- ○ GAMBLING
- ○ GAMES
- ○ HIGH ROLLER
- ○ HOUSE EDGE
- ○ JACKPOT
- ○ PAYOUT
- ○ POKER
- ○ RESORT
- ○ ROULETTE
- ○ SECURITY
- ○ SLOTS
- ○ WIN

ORCHESTRA - Puzzle #100

```
C F N O I S S U C R E P N B I
U E L B M E S N E C S T C Y E
U S I M R C T B U N E B S L N
C T R H A R M O N Y I A R L C
L I C A M A N O T A T I O N I
T V S E H L A S R A E H E R S
C A T C T U N I N G L Y R I U
O L S H I F E C N E I D U A M
N E I H A C O U S T I C S R H
D I O H R B S B T R E C N O C
U R L A R S M U S I C I A N S
C C O A I S I S G N I R T S M
T E S C O R E U A O R O N A C
O S I Y P G N I T A E S A N H
R I O S Y M P H O N Y H O H R
```

- ○ ACOUSTICS
- ○ AUDIENCE
- ○ BRASS
- ○ CHAMBER
- ○ CONCERT
- ○ CONDUCTOR
- ○ ENSEMBLE
- ○ FESTIVAL
- ○ HARMONY
- ○ MUSIC
- ○ MUSICIANS
- ○ NOTATION
- ○ PERCUSSION
- ○ REHEARSAL
- ○ SCORE
- ○ SEATING
- ○ SOLOIST
- ○ STRINGS
- ○ SYMPHONY
- ○ TUNING

51

HOUSE REPAIR - Puzzle #101

```
A L E C S R T G N I F O O R M
R O O F G E E C A A A T R G R
L P D T L N D P L A A O E P H
T C R R D S I A A S P O M L R
I I Y F E K L T R I E L M U E
N O W I T E O U N G R S A M S
O C A U L K I N G I P M H B T
I N L T N A O X N U A U A I O
T C L E X T E R I O R P I N R
A P E C A T E N N F D A T G A
D P A U R O T C A R T N O C T
N T K A L I A Y E N A A T G I
U S S F N T I I L R T T G D O
O E L E C T R I C I T Y E R N
F N O I T C E P S N I N O T Y
```

- CAULKING
- CLEANING
- CONTRACTOR
- DRYWALL
- ELECTRICITY
- EXTERIOR
- FIX
- FOUNDATION
- HAMMER
- INSPECTION
- LEAKS
- PAINTING
- PLUMBING
- REPAIRMAN
- RESTORATION
- ROOFING
- TOOLS
- UPGRADES
- FAUCET
- ROOF

FAIRY CREATURES - Puzzle #102

```
Y E T I O A I G N H F I R H M
I M I E E N U S T I K L E A F
R R E E R C F D I A M R E M F
O H R W X I H T B C G D H F I
E M G N O M E I R R C N S N I
S H G D A Y R D M W M R N O E
F L N A O E I K L E S I A A B
P R L K I E N Y R P R N B R T
M O H O S N I R I E S A O N O
I N F I R S X X O E O W G R C
R Y I H E T I R P S N H G O M
C M Y F I E E R Y I S E A C X
T P F E K E L L E A N N R I I
T H M D S D P M R N N P T N E
I I H P S H B A C S N P E U M
```

- BANSHEE
- BOGGART
- BROWNIE
- CHIMERA
- DRYAD
- ELF
- FAE
- GNOME
- KITSUNE
- MERMAID
- NIXIE
- NYMPH
- PIXIE
- SELKIE
- SIREN
- SPRITE
- SYLPH
- TROLL
- UNICORN
- YETI

WALKING IN THE RAIN - Puzzle #103

```
H T A M R O T S S E N D A Y E
S D D H S A L P S D N I W A M
J R O M P A K A S N A T U R E
O I O I S S E P C R H Y T H M
Y Z M R B O O T S A R D E O L
P Z S T A R O S O E T H V O A
Y L S L D D D J N M O E S E C
D E E M E S R R N E R F T O T
D R R H O O H I I C L R L T D
D O E T R A H E A O U D D O R
S L N N N K A S R A R U D T S
S C I S P E T S T O O F T U S
T D T A I D C N D O O I I D P
R L Y N D A O S S M R P N E D
O S D R U M B R E L L A R T T
```

- ○ BOOTS
- ○ CALM
- ○ COLD
- ○ DRIZZLE
- ○ DROPS
- ○ FOOTSTEPS
- ○ JOY
- ○ MOOD
- ○ NATURE
- ○ OVERCAST
- ○ PUDDLE
- ○ RAIN
- ○ RHYTHM
- ○ SCENT
- ○ SERENITY
- ○ SOAKED
- ○ SPLASH
- ○ STORM
- ○ UMBRELLA
- ○ WINDS

BREAK NEWS - Puzzle #104

```
T T N E M E T A T S U D M X L
O S S A N A L Y S I S E L R S
P T O I L T R A E L J V S E P
T C S S S E R P I N C E E P N
I A O R S S R V R V G L E O J
H E I V L O E T E N S O V R O
E T N W E U Y T I T E P I T U
A A T T C R U K O E B I S E R
D I E E N C A R R U V N U R N
L D R U T E Y G L D O G L S A
I E V E R T S L E S V E C S L
N M I B E I E V E N T S X E I
E R E R T T A U P D A T E I S
V N W O I A I H D J K E T E T
M A U N M N L L T R E P O R T
```

- ○ ALERT
- ○ ANALYSIS
- ○ BREAKING
- ○ BULLETIN
- ○ COVERAGE
- ○ DEVELOPING
- ○ EVENTS
- ○ EXCLUSIVE
- ○ HEADLINE
- ○ INTERVIEW
- ○ JOURNALIST
- ○ MEDIA
- ○ PRESS
- ○ REPORT
- ○ REPORTERS
- ○ SOURCE
- ○ STATEMENT
- ○ STORY
- ○ UPDATE
- ○ LIVE

53

WINERY AND TASTING - Puzzle #105

```
I N L M R K R O C R E Y K A P
L A E V A G A E A T L R R N E
G N I T S A T V B B A A N I L
S N I N N A T R E E V T L A O
H T E A L T O L R O V A L F L
V I E A E I L E N Y A L T B A
I S P R R A O E E L O S G T
N O I P R O E L T R W A R E E
E M E E A O M Y R E N I W E I
Y M G L B I I A I I N G P A R
A E A O L O R R A T O A S T A
R L T N E V N I T Y A N E Y V
D I N D N A N O N G I V U A S
A E I S D S A Y R G N R E E M
R R V C H A R D O N N A Y A G
```

- ○ AROMA
- ○ BARREL
- ○ BLEND
- ○ CABERNET
- ○ CHARDONNAY
- ○ CORK
- ○ FLAVOR
- ○ MERLOT
- ○ PAIRING
- ○ PALATE
- ○ SAUVIGNON
- ○ SOMMELIER
- ○ TANNINS
- ○ TASTING
- ○ TERROIR
- ○ TOAST
- ○ VARIETAL
- ○ VINEYARD
- ○ VINTAGE
- ○ WINERY

STUDENT LIFE - Puzzle #106

```
I H O S T E L F R I E N D S S
S S L U S H F O J S N J A S E
I S V I U P S U U A R T E U T
E E S R F S F P N K N I G P O
S X S E G E P U R C T C R M N
U A A C R O L O T I G I A A I
I Y C M R T W O V P I N D C N
P D S T S E S I N L V U U M T
S U G E M S T U R G F F A Y E
B T S O H C P U T S S U T R R
U S H N A N S O E D T T I A N
L A S T C E J O N P N P O R S
C L A S S E S T I P E S N B H
S A V A J S F E U S V I E I I
S R O S S E F O R P E T R L P
```

- ○ ACTIVITIES
- ○ CAMPUS
- ○ CLASSES
- ○ CLUBS
- ○ EVENTS
- ○ EXAMS
- ○ FRIENDS
- ○ FUN
- ○ GRADUATION
- ○ HOMEWORK
- ○ HOSTEL
- ○ INTERNSHIP
- ○ LIBRARY
- ○ LIFELONG
- ○ NOTES
- ○ PROFESSORS
- ○ PROJECTS
- ○ STRESS
- ○ STUDY
- ○ SUPPORT

KITCHEN APPLIANCES - Puzzle #107

```
T P S O U S V I D E V O T S H
E E E C O O K T O P I E R P O
M E J H R I T H S E G E E E T
S A U R E E C E B D R Y G R P
S E I E X K E L E R E E E C L
D R C L I I E Y E C Y Y T L A
F T E T M N D S G I R R E L T
Y A R T D G S S W F F E L I E
E O V E N D E D R P P T L R L
F V R K Y R L I D R E S I G D
R O Y M S E A K T H E A K R D
I E L T D O C R O F D O S L I
D I S H W A S H E R T T G I R
G O M I C R O W A V E E O C G
E R R E I R E T S T E A M E R
```

- ○ AIR FRYER
- ○ BLENDER
- ○ COOKTOP
- ○ DEEP FRYER
- ○ DISHWASHER
- ○ FRIDGE
- ○ GRIDDLE
- ○ GRILL
- ○ HOT PLATE
- ○ JUICER
- ○ KETTLE
- ○ MICROWAVE
- ○ MIXER
- ○ OVEN
- ○ SCALES
- ○ SKILLET
- ○ SOUS VIDE
- ○ STEAMER
- ○ STOVE
- ○ TOASTER

LABORATORY EXPERIMENTS - Puzzle #108

```
R E P L I C A T I O N L L T I
S A C E M P S R S A M P L E S
E G U F I R T N E C R I C F D
L B L T C O T S E T I P A O R
T P T S R T E A L T V E L S T
I A U I O O S T T O S T I R V
N S R O S C P B F A Y T B A A
C S E R C O I L P R D E R A R
U A A E O L N P N A T Y A R I
B Y L F P A O O L A I R T T A
A C O F E R E B R M R P I N B
T N U U D I T C O N T R O L L
I T E B E A K E R N S O N I E
O R S T L U S E R M P I U T S
N O I T A R T I T A V I P T P
```

- ○ ASSAY
- ○ BEAKER
- ○ BUFFER
- ○ CALIBRATION
- ○ CENTRIFUGE
- ○ CONTROL
- ○ CULTURE
- ○ DATA
- ○ DROPP
- ○ INCUBATION
- ○ MICROSCOPE
- ○ PIPETTE
- ○ PROTOCOL
- ○ REPLICATION
- ○ RESULTS
- ○ SAMPLE
- ○ TEST
- ○ TITRATION
- ○ TRIAL
- ○ VARIABLES

BEING A LEADER - Puzzle #109

```
M E M O T I V A T I O N I G N
C A M A N N T E A M W O R K A
O Y E P S S O L V I N G R P D
N O T T A H T S U P P O R T A
F S T R A T E G Y I I I L I P
I N Y E A S H L E S G N V Y T
D C E A P O Y Y P T A S I T A
E G A R U O C I S N E P N I B
N E C N I C T U T P U I F R I
C I G V E I R P E P U R L G L
E C R E A T I V I T Y A U E I
P I H S R O T N E M I T E T T
C G U I D A N C E O S I N N Y
A F Y T I S R E V I D O C I A
R N O I S I V T I B Y N E E I
```

- ○ ADAPTABILITY
- ○ CONFIDENCE
- ○ COURAGE
- ○ CREATIVITY
- ○ DIVERSITY
- ○ EMPATHY
- ○ GUIDANCE
- ○ INFLUENCE
- ○ INSPIRATION
- ○ INTEGRITY
- ○ MENTORSHIP
- ○ MOTIVATION
- ○ STRATEGY
- ○ SUPPORT
- ○ TEAMWORK
- ○ TRUST
- ○ VISION
- ○ HELP
- ○ SOLVING
- ○ TEAM

PETS AT HOME - Puzzle #110

```
E T E E I R E E R A C L N V E
L O T G F A L O Y Y O J E Y I
G T U F U B N L S T A T G G R
G E R I R B H Y I W D D V E G
U I T O A I O Y G L O G E R N
N O L G L T Y N E G P E T B G
S O E E L D D U C R T S E I N
R G L W O R E N E C I I R L I
O A O D C C E E L R O C I E M
I B S L F A R T F G N R N L O
W I L U R E R M S T T E A B O
L A R R I Y A L P M V X R O R
I Y L O G L V A E A A E I E G
E D T K L G I H R B R H A I L
O B S A G U T R A I N I N G O
```

- ○ ADOPTION
- ○ BOWL
- ○ COLLAR
- ○ CUDDLE
- ○ DOG
- ○ EXERCISE
- ○ FEED
- ○ FUR
- ○ GERBIL
- ○ GROOMING
- ○ HAMSTER
- ○ JOY
- ○ PLAY
- ○ RABBIT
- ○ SNUGGLE
- ○ TOYS
- ○ TRAINING
- ○ TURTLE
- ○ VETERINARIAN
- ○ WALK

INCOME AND INVESTMENT- Puzzle #11

```
L D L H C L A T I P A C E I H
A N O I S N E P N A A I M G T
I O T A G I B N E P S O T R L
C I R R D O I B T S D S S O A
N N T I N E S E I K N E E W E
A C G D I I X S R C E O E T W
N O S E U P R H E O D R S H S
I M I T E K R A M T I S N L I
F E E N H S A R F S V R R L S
R N S D X N R I K E I K U N Y
I E T S E R E T N I D V T N L
S O T R T N E M E R I T E R A
O I L O F T R O P N L T R W N
B O T N E M T S E V N I T S A
N N D E O I S G N I V A S I W
```

- ○ ANALYSIS
- ○ ASSETS
- ○ BONDS
- ○ CAPITAL
- ○ DIVIDENDS
- ○ EXPENSES
- ○ FINANCIAL
- ○ GROWTH
- ○ INCOME
- ○ INTEREST
- ○ INVESTMENT
- ○ MARKET
- ○ PENSION
- ○ PORTFOLIO
- ○ RETIREMENT
- ○ RETURNS
- ○ RISK
- ○ SAVINGS
- ○ STOCKS
- ○ WEALTH

DINOSAURS - Puzzle #112

```
C E N E S T I N G E G Y R C S
R R O T A D E R P H V H T H F
N O T I S N R O I V A H E B Y
O V G A G N I M A O R L G G R
M I H D O Y V H T W O R G H I
M B T E R R I T O R Y E S S L
C R E S P E C I E S T E A O A
I E C T S L I S S O F S R T I
S H O R T R I A S S I C E L C
S I S S N M I G R A T I O N O
A R Y S E X T I N C T I O N S
R O S P A C K L A V I V R U S
U S T S U I S A M V A I O H O
J R E T B O A E T A M I L C T
C T M G T N H A B I T A T A C
```

- ○ BEHAVIOR
- ○ CLIMATE
- ○ ECOSYSTEM
- ○ EGGS
- ○ EXTINCTION
- ○ FOSSILS
- ○ GROWTH
- ○ HABITAT
- ○ HERBIVORE
- ○ JURASSIC
- ○ MIGRATION
- ○ NESTING
- ○ PACK
- ○ PREDATOR
- ○ ROAMING
- ○ SOCIAL
- ○ SPECIES
- ○ SURVIVAL
- ○ TERRITORY
- ○ TRIASSIC

TV SHOW - Puzzle #113

```
Y N E T W O R K R E W A T C H
N A O G N I M A E R T S B N S
P A R E R E I M E R P C L E I
T I R E T C A R A H C C A R S
E D O S I P E S R A M S D E R
N R I A S T E D E D O I A C E
P L R B E E T I E N O N F U A
I G E N R E I R O R I I W D L
E E V A I R D E R M E E C O I
N R O F E P I C A P I E B R T
R G S R S I A T L V P D T P Y
I R S S E L I O E I I R D I R
I R O R V O T R W V I E W E R
E I R P N T R P E I T R V O G
Y A C R R R E G N I B O E R G
```

- ○ ANIMATION
- ○ BINGE
- ○ CHARACTER
- ○ CROSSOVER
- ○ DIRECTOR
- ○ EPISODE
- ○ FANBASE
- ○ GENRE
- ○ NETWORK
- ○ PILOT
- ○ PLOT
- ○ PREMIERE
- ○ PRODUCER
- ○ REALITY
- ○ REVIEW
- ○ REWATCH
- ○ SEASON
- ○ SERIES
- ○ STREAMING
- ○ VIEWER

BLOGS AND INFLUENCERS - Puzzle #114

```
P B R A N D I N G L L I O P C
L E T N E T N O C G Y T S R G
A N F O L L O W E R S T E O N
T O T R E N D S H S L A K M I
F L F E E D B A C K T M O O T
O T T T O L S U O I S T T T E
R O T R T H A D V R R O - I K
M S F R T O I I L E K E K O R
K A D A S A T E O I E T I N A
E B G B T Y E N G N B L T E M
M U T C N U S C I T Y L A N A
G O L B I S A E U N L L D E K
E A R C O S U B S C R I B E R
P D C E H C I N T R C R G N B
P O S T I N F L U E N C E R R
```

- ○ ANALYTICS
- ○ AUDIENCE
- ○ BLOG
- ○ BRANDING
- ○ CONTENT
- ○ CREATIVITY
- ○ FEEDBACK
- ○ FOLLOWERS
- ○ HASHTAG
- ○ INFLUENCER
- ○ MARKETING
- ○ NICHE
- ○ PLATFORM
- ○ POST
- ○ PROMOTION
- ○ SEO
- ○ SUBSCRIBER
- ○ TRENDS
- ○ VLOG
- ○ TIK-TOK

FASHION AND TRENDS - Puzzle #115

```
R E S E G A T N I V O T C R R
E S B I E E F I I L D L E G A
T R A Y L B R A N D H O A F I
W E E R U O E D T O R A A O S
E O A A S R K E W U I S U L N
B N C Y P D O T C A H T D T R
A L O Y A R P L C I F U T R E
N T D N C A S O O I C B E E T
Y T E W N W E N T C R H T H T
D S S K O O B K O O L B I R A
N A I A R E L E R A P P A C P
E T G U P S O P N H D C R F E
R L N N A H E D E L Y T S I E
T N E P S P T S Y A W N U R N
N A R S U S T A I N A B L E R
```

- APPAREL
- BESPOKE
- CAPSULE
- CHIC
- COLOR
- DESIGNER
- FABRIC
- FASHION
- HAUTE
- LOOKBOOK
- OUTFIT
- PATTERNS
- RUNWAY
- STYLE
- SUSTAINABLE
- TAST
- TREND
- VINTAGE
- WARDROBE
- BRAND

ROUTES AND NAVIGATION - Puzzle #116

```
E N S R C T E L A T I T U D E
N Y T L P H H R D P Y E P C H
A R Y N H T A P D D C U S I N
S E O O I A L R E I L D U F T
T E A I O S T C T S P G P F T
N O R T M S I C O T U R N A S
I N T C C A T G U A A D L R O
O T R E R P U T R N M R L T P
P I O R O M D O L C E A O D N
Y G U I D O E A P E N A P N G
A T T D T C T A I D T A T P I
W R E E L P P H M A R A I R S
I D G N I K C A R T F U T T R
P O D C D Y R A R E N I T I N
T P A N N K E D U T I G N O L
```

- ALTITUDE
- CHART
- COMPASS
- DETOUR
- DIRECTION
- DISTANCE
- GPS
- GUID
- ITINERARY
- LANDMARK
- LATITUDE
- LONGITUDE
- MAP
- PATH
- ROUTE
- SIGNPOST
- TRACKING
- TRAFFIC
- TURN
- WAYPOINTS

LAW - Puzzle #117

```
T A T O S T E R N T S P E H T
L A V E O C R C E R S S Y C S
I N D T J I P T N I A T E E Y
T T E U U D L T G E I H O J N
I I F T R R A R U A D G T U O
G R E A Y E I U N A T I T D M
A E N T T V N O F L F R V G I
T N S S V C T C Y W T A Y E T
I I E J C R I M E A O A E C S
O F T U I T F W N R P L U I E
N A I C E T F L R R N A C T T
C L A E P P A C O A L I T S E
T E E U C W A A T N S R R U E
C O N T R A C T T T I T A J I
E L C T N O I T A R T I B R A
```

- ○ APPEAL
- ○ ARBITRATION
- ○ ATTORNEY
- ○ CONTRACT
- ○ COURT
- ○ CRIME
- ○ DEFENSE
- ○ EVIDENCE
- ○ JUDGE
- ○ JURY
- ○ JUSTICE
- ○ LAW
- ○ LITIGATION
- ○ PLAINTIFF
- ○ RIGHTS
- ○ STATUTE
- ○ TESTIMONY
- ○ TRIAL
- ○ VERDICT
- ○ WARRANT

TRAVEL SOUVENIRS - Puzzle #118

```
C E T E N G A M V M T M P T S
R M F N J T C A F I T R A R L
E R I A E H M S R O C E M E O
K A G I W T M R E K C I T S A
A H U K E Y C H A I N E C U O
S C R F L T N E M A N R O G L
P T I R R B R O C H U R E R S
E C N A Y M E M T B T L R M P
E T E C K M E O O O A L A O O
K E R S N M C T R I E R E K S
O T Y I E L T C A R V I N G T
C B O N H L A S C I M A R E C
S O T K E S B C A C E S E C A
A O N B E R - O O M A E L M R
S S S T Y C N I T R L M E K V D
```

- ○ ARTIFACT
- ○ BOTTLE
- ○ BROCHURE
- ○ CARVING
- ○ CERAMICS
- ○ CHARM
- ○ FIGURINE
- ○ JEWELRY
- ○ KEEPSAKE
- ○ KEYCHAIN
- ○ LOCAL
- ○ MAGNET
- ○ MAP
- ○ MEMENTO
- ○ ORNAMENT
- ○ POSTCARD
- ○ SCARF
- ○ STICKER
- ○ T-SHIRT
- ○ TOKEN

OLYMPIC GAMES - Puzzle #119

```
M M A Y N R E V L I S O O D L
L T M I R T Y H Y R T O D O A
A V G A L F R N M A E T R N D
G G L T N S R E O E N O E E E
M N M H L T D G I M L V L M M
A I E L K A R M G Y E B A C V
T V L E E R T A M G T R Y V C
E I S T M R M P C O E O E M G
C D N E K E I G R K M N A C O
A Y T A S A M C D H T Z E A L
K V P L D N H I L L C E T R D
O O A E C O M P E T I T I O N
T N E V E R N O I P M A H C M
S D R O C E R R F V Y N T P D
Y N E P M Y T I C T S O H O A
```

- ○ ATHLETE
- ○ BRONZE
- ○ CEREMONY
- ○ CHAMPION
- ○ COMPETITION
- ○ DIVING
- ○ EVENT
- ○ FIELD
- ○ FLAG
- ○ GAMES
- ○ GOLD
- ○ HOST CITY
- ○ MEDAL
- ○ OLYMPIAD
- ○ RECORDS
- ○ RELAY
- ○ SILVER
- ○ TEAM
- ○ TORCH
- ○ TRACK

TAKE A DAY OFF - Puzzle #120

```
P R U E S E L F - C A R E B P
T E N M R H Y Z A L F M A A A
M P W C U O E B R E A T H E M
F A I S W N A C E O R S T R P
M C N S M R E J U V E N A T E
R S D E L R R D E U E M L V R
K E E Z R E A E M I T E E R F
R A F T A Y E A A E M - R A E
Q Y E R T U A P I E A T T I G
E N P R E C S U E Y K I A N R
W A I E B S Q E O P R M R Y A
A P I L I P H E N E O E B A H
U L E I S U R E E I W B G A C
N T S P L W B Z P B O E W O E
R P A S A A A S R M H N E M O R
```

- ○ BREAK
- ○ BREATHE
- ○ DAY TRIP
- ○ ESCAPE
- ○ FREE TIME
- ○ HOBBY
- ○ LAZY
- ○ LEISURE
- ○ ME-TIME
- ○ NAP
- ○ NO WORK
- ○ PAMPER
- ○ QUIET
- ○ RECHARGE
- ○ REFRESH
- ○ REJUVENATE
- ○ SELF-CARE
- ○ SLEEP
- ○ SPA
- ○ UNWIND

JOB APPLICATION - Puzzle #121

```
A N C I S K I L L S E N E Y E
A H I N E R E S U M E R C I P
E I E T S C R E E N I N G I B
E X P E R I E N C E A T E G E
F L Y R E C N F Y C A E I N G
A F O V N O W C A R E F F O N
R R P I P T E V G I F C A I I
B O J E P O R T F O L I O T K
R O O W N O I T I S O P T A R
O E P R E C R U I T E R M V O
F C O V E R L E T T E R R I W
F S S E C N E R E F E R A T T
I F O L L O W - U P L P S O E
C N K L A P P L I C A N T M N
E H I R I N G U I S U B M I T
```

- APPLICANT
- COVER LETTER
- EXPERIENCE
- FOLLOW-UP
- HIRING
- INTERVIEW
- JOB
- MOTIVATION
- NETWORKING
- OFFER
- OFFICE
- PORTFOLIO
- POSITION
- RECRUITER
- REFERENCES
- RESUME
- SCREENING
- SKILLS
- SUBMIT
- VACANCY

KINGS AND QUEENS - Puzzle #122

```
Y O I L E U Y U E H Y C E C A
H E N O R H T G Y R A R A C R
R O Y A L T Y T E R I S N R R
D U C H E S S T A P T R U O C
L T T H R E P P M L P Q C W N
A R L P J E A E E H D A P N C
Y L O A C L I N E M M T R L A
R E M S A S M G O O M R M H O
L Y I C R K U D N L L O D O E
A C E Y Y T S A N Y D E U I E
V A R C D A R L A G E R K E Q
I R N R O C Y A N I S R E U H
H E I R H E E I H E U J E P E
C O H N K Y K M O T L E N M N
R H Q C Y L N U O R N O B L E
```

- CASTLE
- CHIVALRY
- COURT
- CROWN
- DUCHESS
- DUKE
- DYNASTY
- EMPIRE
- HEIR
- KINGDOM
- MAJESTY
- MONARCH
- NOBLE
- PALACE
- QUEEN
- REGAL
- REIGN
- ROYALTY
- SCEPTER
- THRONE

MAKE PIZZA - Puzzle #123

```
O E T P O T S A E S H B C G A
P E G S O V O E R B A K E R N
R P A G E S E P A E Z S D B N
E P R E T E E N P A L C E E R
H E L P H T U N Y I K T A V L
E P I A E I D O C B N U A A S
A P C R U S T E A O E G A A P
T E L M E A P S S H A N S O E
I R N E Y T I E E L D S N O S
E O R S S L A E B H A I N T E
G U P A H O P H G U O D P A R
I R E N H U K C C N K H B M V
E Y S O N I E E R O E O O O E
T I N O R E P P E P O P I T V
P P A L M O Z Z A R E L L A E
```

- ○ BAKE
- ○ BASIL
- ○ CHEESE
- ○ CRUST
- ○ DOUGH
- ○ GARLIC
- ○ KNEAD
- ○ MOZZARELLA
- ○ ONION
- ○ OVEN
- ○ PARMESAN
- ○ PEPPER
- ○ PEPPERONI
- ○ PREHEAT
- ○ SAUCE
- ○ SERVE
- ○ SLICE
- ○ TOMATO
- ○ TOPPINGS
- ○ YEAST

PALACES AND CASTLES - Puzzle #124

```
R G T M O T C S T R A P M A R
R E R A O O E P R C U G P R N
A A E D R A W B R I D G E A A
O R T F O R T R E S S O E L T
R C M A P N O E G N U D K L C
C H A P E L U H G D E B F I O
N W D R T A A R M T K A G N U
E A R N E S L O U L L L A H R
T Y B T H G I N K Y I L A L T
E A A T T E R R U T R R R A Y
P H S R R N E H U A A O T Y A
C H T H R O N E G P R O M O R
H U I A R D A R C U R M E R D
A T O W E R S S L L A W C T A
M H N N Y R P A T N I Y T L L
```

- ○ ARCHWAY
- ○ ARMORY
- ○ BALLROOM
- ○ BASTION
- ○ CHAPEL
- ○ CHATEAU
- ○ COURTYARD
- ○ DRAWBRIDGE
- ○ DUNGEON
- ○ FORTRESS
- ○ HALL
- ○ KEEP
- ○ KNIGHT
- ○ MOAT
- ○ RAMPARTS
- ○ ROYAL
- ○ THRONE
- ○ TOWER
- ○ TURRET
- ○ WALLS

BACK TO SCHOOL - Puzzle #125

```
A X D K W S M Y E N I R R W I
T N E M N G I S S A P E L E R
E D S L E Y Z I U Q E K S I X
M I K D S M E S B B L C S L O
K O O B T X E T I K U O Y H R
L M L E T K H S N H D L N R N
R S I O E Y S P H R E M A X E
E U B X A E A T B I H U S A A
U P R Z C O E W S L C U X I E
N P A E H N E O L T S T U D Y
I L R P E N C I L L N P E B K
F I Y A R K L A M U A K R G R
O E A D R A O B K L A H C A C
R S E O M K C A P K C A B I T
M L U N C H B O X F R A K M R
```

- ○ ASSIGNMENT
- ○ BACKPACK
- ○ BUS
- ○ CHALKBOARD
- ○ DESK
- ○ EXAM
- ○ GYM
- ○ HALLWAY
- ○ LIBRARY
- ○ LOCKER
- ○ LUNCHBOX
- ○ PENCIL
- ○ QUIZ
- ○ RECESS
- ○ SCHEDULE
- ○ STUDY
- ○ SUPPLIES
- ○ TEACHER
- ○ TEXTBOOK
- ○ UNIFORM

FARM - Puzzle #126

```
R F D T S L L L O A C A A T C
S I L O S E D R E R A E I S O
A E I O L L R A F R V D T H R
E L C G G V E U O E U U P E N
N D R E Z I L I T R E F L E T
O S A T F A T R F S H Y O P S
I S D I E E L A P A A H W D I
T P E L N I R I V H R P I R O
A C E B C M R V V I V O I A R
G A S A E G W I S E E A S H E
I T I R M O O O P O S K K C E
R T I N I A N R O K T T G R A
R L A F A T G C R I P E O O L
I E T S Y S F O C E R A E C D
D T O T R A C T O R E O R L K
```

- ○ BARN
- ○ CATTLE
- ○ CORN
- ○ CROPS
- ○ FARMER
- ○ FENCE
- ○ FERTILIZER
- ○ FIELD
- ○ GOATS
- ○ HARVEST
- ○ HAY
- ○ IRRIGATION
- ○ LIVESTOCK
- ○ ORCHARD
- ○ PASTURE
- ○ PLOW
- ○ SEED
- ○ SHEEP
- ○ SILO
- ○ TRACTOR

PARENTS MEETING - Puzzle #127

```
N T R C L A T T R G S T U D Y
S S M D P R E R O I V A H E B
I E D C R O A O O E N S R A N
C C D L O I C P D P N R O A O
O G M A G M H E G R E T E A I
N G U S R A E R E H C U R D S
F E L S E G R C F O N A G N S
E L U R S I N N T M A R N E U
R U C O S O D C R E D A I G C
E D I O C C A S O W N B N A S
N E R M S O K O P O E L R D I
C H R G O A L S P R T I A E D
E C U G O U S O U K T S E M R
A S C H E N I L S E A T L N R
D W K C A B D E E F O C R A A
```

- ○ AGENDA
- ○ ATTENDANCE
- ○ BEHAVIOR
- ○ CLASSROOM
- ○ CONCERNS
- ○ CONFERENCE
- ○ CURRICULUM
- ○ DISCUSSION
- ○ FEEDBACK
- ○ GOALS
- ○ GRADES
- ○ HOMEWORK
- ○ LEARNING
- ○ LIST
- ○ STUDY
- ○ PROGRESS
- ○ REPORT
- ○ SCHEDULE
- ○ SUPPORT
- ○ TEACHER

PASSPORT CONTROL - Puzzle #128

```
B B T O L C S C R E E N I N G
A O F F I C E R S S T A M P D
G T R A V E L O I L E I N O R
G V A D D T F S A N V S Y A I
A A S A E I L V G T N R L G E
G R T T Y R I R A O T A U R R
E T P S R R G T N N A A G S G
T T I C R G H A E H C T G E N
I S V A A A T T E O U S A C I
E A P A S S P O R T S I G U E
A X R E L E V A R T T R E R T
A S I S P S C O S T O A G I O
N O I T C E P S N I M O G T G
O I S V R R V R O R S E T Y E
E R U T R A P E D P E R M I T
```

- ○ ARRIVAL
- ○ BAGGAGE
- ○ BORDER
- ○ CUSTOMS
- ○ DEPARTURE
- ○ ENTRY
- ○ EXIT
- ○ FLIGHT
- ○ INSPECTION
- ○ LUGGAGE
- ○ OFFICER
- ○ PASSPORT
- ○ PERMIT
- ○ SCREENING
- ○ SECURITY
- ○ STAMP
- ○ TRAVEL
- ○ TRAVELER
- ○ TSA
- ○ VISA

TRAFFIC JAM - Puzzle #129

```
U N A V I G A T I O N N G I S
D S T K F T S I R O T O M N N
T N P E D E S T R I A N Y R P
F R U S T R A T I O N N T G I
S O C P C R U O H H S U R E Y
O C A C C I D E N T H S A H A
R M O U O O T E U S G G C O L
K C E P R U Q U E U E R C O E
G L T D M N O I S E I I G T D
B C U M H I G H W A Y D N E T
A R O A D B L O C K P L T S A
C C R T V E H I C L E O R U U
K A T O A O D M Y R U C V E A
U R C O R A I R I R H K I O O
P C L O P C O N G E S T I O N
```

- ○ ACCIDENT
- ○ BACKUP
- ○ COMMUTE
- ○ CONGESTION
- ○ DELAY
- ○ DETOUR
- ○ FRUSTRATION
- ○ GRIDLOCK
- ○ HIGHWAY
- ○ MAP
- ○ MOTORIST
- ○ NAVIGATION
- ○ NOISE
- ○ PEDESTRIAN
- ○ QUEUE
- ○ ROADBLOCK
- ○ ROUTE
- ○ RUSH HOUR
- ○ SIGN
- ○ VEHICLE

DAIRY PRODUCTS - Puzzle #130

```
G E O N O N - D A I R Y E E C
R M U E P K A T P R O T E I N
Z W U N M K L I M A L A L A O
I C H I H P U A T T O C I R C
S D P O C B U T T E R M Z U Y
M E I L L L O D E H C U S O A
O E S C C E A C D N E T G A E
Z L N H I I L C I I A R L O S
Z E A T P C S P L R N D K W Y
A S S C E U H R D E G G E H O
R O E A P M A E R C E C I E O
E T M E E I M A E R C M T Y C
L C R M T K N E A S R L E E T
L A A B E S A A A T E F C C A
A L P N E K A H S K L I M E E
```

- ○ MILK
- ○ CHEESE
- ○ YOGURT
- ○ BUTTER
- ○ CREAM
- ○ ICE CREAM
- ○ WHEY
- ○ RICOTTA
- ○ MOZZARELLA
- ○ PARMESAN
- ○ SKIM
- ○ WHOLE
- ○ NON-DAIRY
- ○ PROTEIN
- ○ CALCIUM
- ○ LACTOSE
- ○ CUSTARD
- ○ PUDDING
- ○ MILKSHAKE
- ○ FETA

CLASSICAL LITERATURE - Puzzle #131

```
L P P O P A L L E G O R Y C G
O E V I R G I L T G Y S A L T
H H Y D E G A R T R I D R N P
O R O E T O N O V G Y P I A A
N S T M R Y O T R A R Y S R C
P R O S E Y R E R M D R T R I
S L E E R R E E Y M R A O A R
R G T T L K H T S O A R T T O
A M E T H T H O E D M E L I T
R O M A N O N H S O A T E V E
P T Y R L N H E R R G I R E H
C O T O E C M E Y C O L L A R
E R G T H E C R I R R A O I R
Y Y E T H I V P O H T P T O Y
H E H T C I E O R H O R O I V
```

- ○ ALLEGORY
- ○ ARISTOTLE
- ○ CICERO
- ○ DRAMA
- ○ EPIC
- ○ GREEK
- ○ HERO
- ○ HOMER
- ○ ILIAD
- ○ LITERARY
- ○ MYTHOLOGY
- ○ NARRATIVE
- ○ POETRY
- ○ PROSE
- ○ RHETORIC
- ○ ROMAN
- ○ SONNET
- ○ THEMES
- ○ TRAGEDY
- ○ VIRGIL

FATHER'S DAY - Puzzle #132

```
T G Q T F A M I L Y A S I E F
D T B O N E R O H V T D P O O
I T B R M R A A F D R I D R H
F T D O R N P T U A A H F E G
U R R I I P P N B D D A E P U
T Y T H I R R E R I I H N C A
H H C N D O E A R O T I O H L
O O E T O O C T A Q I R N R S
O S P R F I I R H A O E O P P
S U S O O O A T H G N H S I O
M G E P E Y T A F E U T T L N
A T R P E L I A F I P A I O H
D N F U M T O A D R G F D V A
A C E S H O N O R R A R U E D
O R E H T E G O T A U O P N E
```

- ○ APPRECIATION
- ○ BBQ
- ○ CARD
- ○ DAD
- ○ DAUGHTER
- ○ FAMILY
- ○ FATHER
- ○ FUN
- ○ GIFT
- ○ HAPPINESS
- ○ HERO
- ○ HONOR
- ○ LAUGH
- ○ LOVE
- ○ MEMORY
- ○ RESPECT
- ○ SON
- ○ SUPPORT
- ○ TOGETHER
- ○ TRADITION

INGREDIENTS FOR SOUP - Puzzle #133

```
R A E S R E R S M R N N S A R
E A A L C A R R O T S T N T N
P A E I A M C E S S E N O E O
P C L T T E I I E B R O T H G
E P R N L R G C B O E S O N A
P R S E N T I A C O B S M E R
O R R L A P E F B R E B A K L
T Y I R S M I T E B E A T C I
S B S A E P R H A E A T O I C
A E E L M C R R N A B C E H L
A A O E R E S B S T L A S C A
L E N H A S A N S M A O T T I
E E I E P M O G O O S A B O C
Y C O L S E O T A T O P E L I
A A N N E T E A R C P R B O S
```

- ○ BEANS
- ○ BEEF
- ○ BROTH
- ○ CABBAGE
- ○ CARROTS
- ○ CELERY
- ○ CHICKEN
- ○ CORN
- ○ CREAM
- ○ GARLIC
- ○ HERBS
- ○ LENTILS
- ○ ONION
- ○ PARMESAN
- ○ PEAS
- ○ PEPPER
- ○ POTATOES
- ○ SALT
- ○ SPICES
- ○ TOMATOES

KNITTING - Puzzle #134

```
K J S C N A K I T O F N N P N
N T R E T W N N O F R T O A N
I I D Y H C Y T T A A W A T N
T S E R K C T C E J O R P T Y
W S O K H N T Y A R N E C E E
E C E L S U U I E P O G W R E
A A R L T I P H T T R U P N N
R E G O D N C U C S W A T C L
W N E R C E W L R E E G L E T
Y N P H C H E R E L B A C I E
E N O E R F E N E T O B N E B
T N O R F N O T S A C K D R O
E N L N G E G N I R E G N I F
F N A L O O W E R Y B B I F R
Y T I H A G U I D I U I N W B
```

- ○ CABLE
- ○ CAST ONF
- ○ CHUNKY
- ○ CRAFT
- ○ CROCHET
- ○ DYE
- ○ FINGERING
- ○ GAUGE
- ○ KNIT
- ○ KNITWEAR
- ○ LOOP
- ○ NEEDLES
- ○ PATTERN
- ○ PROJECT
- ○ PURL
- ○ ROW
- ○ SKEIN
- ○ STITCHES
- ○ WOOL
- ○ YARN

6

YOUR INSTAGRAM - Puzzle #135

```
O X N G C I N F L U E N C E R
L T B I I I S H A R E P S N C
T E S A S A T L P C I R O R C
N K V A C L X E L A R O I H K
E G I T L G I I H P L F L H H
M H B I E O H C A T G I L O I
E C E V I R H R S I S L R A G
G G S S H I M R H O U E A E H
A T A C T T A T T N E X A C L
G S N L O H N R A L E P C O I
N P L L L M F L G T F L C E G
E T R N E E M S A I N O O L H
P O S T C G R E N E A R U I T
I G A N C P U Y N A C E N K R
G A T N E T N O C T P Y T E I
```

- ○ ACCOUNT
- ○ AESTHETIC
- ○ ALGORITHM
- ○ CAPTION
- ○ COMMENT
- ○ CONTENT
- ○ ENGAGEMENT
- ○ EXPLORE
- ○ GALLERY
- ○ HASHTAG
- ○ HIGHLIGHT
- ○ INFLUENCER
- ○ LIKE
- ○ POST
- ○ PROFILE
- ○ REEL
- ○ SHARE
- ○ SNAP
- ○ TAG
- ○ VIBES

HOME DECOR - Puzzle #136

```
M N S C L I G H T I N G S N E
D B Y E M O H S V A E I N L I
R E W I E M R H C U S H I O N
W L C L W I O A R M A C A T W
S A W A A T R B R A V S T N O
E A E H L P A I N T C F R R R
L E C A L H R B N R W E U D H
D R E I A F W R L H O O C B T
N U G A R O C C R E M I R D U
A T A A T B N C G O H L O K D
C X M S G U R N H L V G C S E
E E I I C T M I R R O R E E U
L T E V I T A R O C E D D M T
I N U A M B I A N C E R A R B
T N E M E G N A R R A T F Y A
```

- ○ CUSHION
- ○ RUG
- ○ CURTAINS
- ○ WALL ART
- ○ LIGHTING
- ○ DECORATIVE
- ○ VASE
- ○ TABLE
- ○ CHAIRS
- ○ PAINT
- ○ MIRROR
- ○ CANDLES
- ○ THROW
- ○ FRAME
- ○ ARTWORK
- ○ DECOR
- ○ HOMEY
- ○ TEXTURE
- ○ ARRANGEMENT
- ○ AMBIANCE

CLASSMATES - Puzzle #137

```
M A F G R A D U A T I O N S S
T E M C E N O I S S U C S I D
N R Y T I V I T C A D M R O C
E F O E R E N T R A P E E N Y
R E R E I C L E C U A E C C D
O C C I T O O U U T D N E O U
S C E V E N T L N O T E S R T
N S P T Y N E D T C S E S C S
C H U T E E D S D E H E A E C
E C O C A C N C E R A T T M Y
E R R E S T S A L R S C I T E
T T G J I I U S R A P E H M M
P C E O O O D A C C S U T E E
S R S R S N I Y T M L S N A R
N C N P O L S P T S C H O O L
```

- ○ ACTIVITY
- ○ CLASS
- ○ CONNECTION
- ○ DISCUSS
- ○ DISCUSSION
- ○ EVENT
- ○ FRIEND
- ○ GRADUATION
- ○ GROUP
- ○ LUNCHTIME
- ○ NOTES
- ○ PARTNER
- ○ PEER
- ○ PRESENT
- ○ PROJECT
- ○ RECESS
- ○ SCHOOL
- ○ STUDY
- ○ TEACHER
- ○ TEAM

ITALIAN CUISINE - Puzzle #138

```
R N F H E I A I P E T N O N E
L I O E V I L O O A L C F L R
A T P C T O P I A P T E N N R
P O L E N T A A S G G A E C A
R S E I P L U I S A S O P N V
S R A Z A B T C A C B A E P I
O I C N R O O N C N N T S S O
R S F Z M L M C N I C N T N L
M O O A E O A I C A N N O L I
E T C G S G T L P E T E N I W
A T A A A N O R I H C C O N G
Z O C G N E E A T S A P N O N
Z E C E N S I G C G O A P N A
I U I B E E C U A S E A U M L
P R A N G A S A L A S E A I O
```

- ○ BASIL
- ○ BOLOGNESE
- ○ CANNOLI
- ○ CAPRESE
- ○ FETTUCCINE
- ○ FOCACCIA
- ○ GARLIC
- ○ GNOCCHI
- ○ LASAGNA
- ○ OLIVE OIL
- ○ PARMESAN
- ○ PASTA
- ○ PESTO
- ○ PIZZA
- ○ POLENTA
- ○ RAVIOLI
- ○ RISOTTO
- ○ SAUCE
- ○ TOMATO
- ○ WINE

FAMILY PICNIC - Puzzle #139

```
R K S R S O D L K I T E R H F
R E U R R Y O X E L R E L A X
I O O U T D O O R E B E A D H
E E O S T A F A U R T D E F K
L A U G H T E R E S K N I R D
E N O S S L U E R I E B L U E
N S A O W E Z L O K L T D I T
I H L T E E L C B A N U F T A
H C R O U D H A N O E A H S E
S I E H R R S K A D S S B B T
N W E P E K E M E M O R I E S
U D B S E T Y B L S U N O T N
S N I T O D A L A S O F B S D
N A G R I L L T Y R E N E C S
O S A D D P P U E S I P I O E
```

- ○ BASKET
- ○ BLANKET
- ○ BREEZE
- ○ DRINKS
- ○ FOOD
- ○ FRUITS
- ○ FUN
- ○ GRILL
- ○ KITE
- ○ LAUGHTER
- ○ MEMORIES
- ○ NATURE
- ○ OUTDOOR
- ○ PHOTOS
- ○ PLAY
- ○ RELAX
- ○ SALAD
- ○ SANDWICH
- ○ SCENERY
- ○ SUNSHINE

VATICAN - Puzzle #140

```
A T R C S R S I A T I H R I S
A R I A S T D E V O T I O N D
U A U E G A R D E N S I N H N
T D H E R I T A G E C S V H E
A I N Y S L A R D E H T A C R
C T T G R S A I N T S I L M U
D I C I L O T S O P A A D L T
U O A E T R T E R R O P E Y C
T N T S W O V S T N O O I M E
G A H N O S I E I P C H A U T
H D O I I M S I E H A S N S I
P T L R E L I G I O U S A E H
G S I L D O I S E A O S E U C
U T C A C A R D I N A L S M R
P T E T F S S L A U T I R S A
```

- ○ APOSTOLIC
- ○ ARCHITECTURE
- ○ ART
- ○ CARDINALS
- ○ CATHEDRALS
- ○ CATHOLIC
- ○ DEVOTION
- ○ FAITH
- ○ GARDENS
- ○ HERITAGE
- ○ HISTORY
- ○ MASS
- ○ MOSAIC
- ○ MUSEUM
- ○ POPE
- ○ RELIGIOUS
- ○ RITUALS
- ○ SAINTS
- ○ TRADITION
- ○ VOWS

PHOTO AND CAMERA - Puzzle #141

```
L E A D S A O I R I I E L O G
N P R E S O L U T I O N F S Y
E R U T R E P A M T I O R R M
S T I A R T R O P T C E E R I
N R T F T I O E U U T L D Y N
A C T T O Z I T S L L E N R I
P E A R R N E T I A N R I O I
S O D P E E M F G E E U F M G
H D P R T U T N L E N S W E O
O P I E R U I T I E A O E M P
T E A G A T R G U D O P I R T
O R V R I U I E F H U X V O Y
D N U D E T L E W I S E T U S
E I E T R O A N S F L A S H E
P I A F M U B L A H A M M U G
```

- ○ ALBUM
- ○ APERTURE
- ○ CAPTURE
- ○ DIGITAL
- ○ EDITING
- ○ EXPOSURE
- ○ FILM
- ○ FILTERS
- ○ FLASH
- ○ FOCUS
- ○ GALLERY
- ○ LENS
- ○ MEMORY
- ○ PORTRAIT
- ○ RESOLUTION
- ○ SHUTTER
- ○ SNAPSHOT
- ○ TRIPOD
- ○ VIEWFINDER
- ○ ZOOM

PORT - Puzzle #142

```
K R T I U I K G S O R A H M L
U C E R L T N C T E G R A B O
N D I O O R X I O L L R G I C
L R T B C A D S P D Q U A Y T
O N P R H S A R A L G B P C D
A O I A A A A G B I E I N A S
D T Y H B D I N N U L S U A T
I T I T G M E A O I O I S I R
N H M C C O A S T P D Y N E A
G G P B T O T R A N T A P G V
E I O T C R E N I A T N O C E
D E R O O B O S Q N R A H L U
I R T P O L N D L S A O T A R
T F X L O G I S T I C S R D S
N E R P O E A P O X G C U P L
```

- ○ BARGE
- ○ BUOY
- ○ CARGO
- ○ COAST
- ○ CONTAINER
- ○ DOCK
- ○ EXPORT
- ○ FREIGHT
- ○ HARBOR
- ○ IMPORT
- ○ LOADING
- ○ LOGISTICS
- ○ MARINA
- ○ PILOT
- ○ QUAY
- ○ SAILING
- ○ TIDE
- ○ TRADE
- ○ UNLOADING
- ○ VESSEL

FACETIME - Puzzle #143

```
I O T N O T I F I C A T I O N
F V E R V I D E O Y I F A I N
E A K T I I S L L A C E C I O
I R I I I I R H S C U C Y N G
N N C C N V N I A O E D N N F
R E I D T A N P M R D U I E I
D E F A H E H I F N E G T O I
A R H R R O G E E C A Y T I C
A C E E N R A I A S L E A F E
H S I E O R R F S I N E I - C
C A O U E F R E M I T F M I E
K F P M N E M A T U A L I W V
I A A S T E F H M W I I R E I
T C E N N O C S E D I N E M R
C E I I E M A E I N H K T E C
```

○ AUDIO
○ CALL
○ CAMERA
○ CHAT
○ CONNECT
○ FACE
○ FAMILY
○ FRIEND
○ GROUP
○ INTERFACE
○ INVITE
○ LINK
○ MESSAGING
○ MUTE
○ NOTIFICATION
○ PHONE
○ SCREEN
○ SHARE
○ VIDEO
○ WI-FI

DRAW A PICTURE - Puzzle #144

```
E N T O L A N D S C A P E I L
E S S R C R D S N H I C A S E
D K C C O M P O S I T I O N I
C E D E T E C H N I Q U E G G
D T O C I N S P I R A T I O N
P C O U N N H S U R B M E E R
A H D D T N K S O I A O G E E
C O L O R L Q E D L N A P R P
P L E E L L I D G E M A L L A
N T H L R A I N R I P O A S H
H M E D I U M A E E E E E A S
O K S T Q S S E T S U S N V I
R A G I O E P A L E T T E N E
O O S H A D I N G D D I Q A G
T D L I C N E P A N S E T C A
```

○ BRUSH
○ CANVAS
○ COLOR
○ COMPOSITION
○ DETAIL
○ DOODLE
○ ERASE
○ IMAGE
○ INK
○ INSPIRATION
○ LANDSCAPE
○ MEDIUM
○ OUTLINE
○ PALETTE
○ PAPER
○ PENCIL
○ SHADING
○ SHAPE
○ SKETCH
○ TECHNIQUE

EVENING BY THE FIRE - Puzzle #145

```
S R S G N I R E H T A G C C S
C G T R O F M O C T H R A O E
M H O R A N O R M T Y M F Z B
G M I L S S I B M O P A I Y K
G N I L K C A R C F R S R Y Z
S E M A L F A S I O K G E N Z
S R A T S W R R A A G C P G G
K S T A M T E K N A L B L C L
R O U T D O O R S M R R A A E
A S W A E O N G H B D E C O K
P R S R E M B E R S I T E C O
S C S W O L L A M H S R A M M
C F L I C K E R O M R O L M S
E R S S K O A F R S N E L O C
E S E I R O T S K I N I G H T
```

- ○ BLANKET
- ○ CAMPFIRE
- ○ CHILL
- ○ COMFORT
- ○ COZY
- ○ CRACKLING
- ○ EMBERS
- ○ FIREPLACE
- ○ FLAMES
- ○ FLICKER
- ○ GATHERING
- ○ LOGS
- ○ MARSHMALLOWS
- ○ NIGHT
- ○ OUTDOORS
- ○ SMOKE
- ○ SPARKS
- ○ STARS
- ○ STORIES
- ○ WARMTH

WARDROBE - Puzzle #146

```
L L A N O S A E S S T H I S N
R E Z I N A G R O S G A S H O
S T R I H S O S W E S N V T I
T S E L Y T S S T D S G S L T
E H I N X T S L R G N E S I C
E O A O E E S A I I S R H N E
C R X U A S W T E S T S E G L
C L O T H E S O E R L T L E E
N E I F R S L R T K F O V R S
E G H I S R D U E A C R E I X
N S E T S C L O S E T A S E A
I I Y S A I I H L P E G J E S
S R I J O E I T G V A E E E L
R T S S E O H S E A L C O A T
C E S T N T E X T I L E S O E
```

- ○ CAPSULE
- ○ CLOSET
- ○ CLOTHES
- ○ COAT
- ○ DRAWER
- ○ DRESSES
- ○ FASHION
- ○ HANGERS
- ○ JACKETS
- ○ LINGERIE
- ○ ORGANIZER
- ○ OUTFIT
- ○ SEASONAL
- ○ SELECTION
- ○ SHELVES
- ○ SHIRTS
- ○ SHOES
- ○ STORAGE
- ○ STYLE
- ○ TEXTILES

SNOWMAN AND SNOWBALLS - Puzzle #147

```
O G A T A H G A U D R D R E S
S L E D D I N G F A N S D E L
C S T W R S D I E I W E O G O
W O A E Y T A N I F R A C S S
T B L C L N E A C M C O N O L
O O S D L I U B O I S W H B A
W D T S I O C F N T N W A U O
R S T E H R O O D T U O D T C
S I I V C U D W A E D N V T A
Y T S O R F I E H N S S E O R
W Y A L P N O S W S B V N N R
O W U G T N S H N F H N T S O
N S A E A R L N S R E T U L T
S R R I E D O H S S N B R T T
R O T N M S S L U S H M E O W
```

- ○ ADVENTURE
- ○ BUILD
- ○ BUTTONS
- ○ CARROT
- ○ CHILLY
- ○ COAL
- ○ COLD
- ○ FROSTY
- ○ FUN
- ○ GLOVES
- ○ HAT
- ○ MITTENS
- ○ OUTDOOR
- ○ PLAY
- ○ SCARF
- ○ SLEDDING
- ○ SLUSH
- ○ SNOW
- ○ SNOWY
- ○ WINTER

HOLIDAY IN THE VILLAGE - Puzzle #148

```
H T M E M O R I E S Y R B P N
A E R R F R G A T H E R I N G
R E E R S P I A B M E S I I N
V R I R E E L E H E R L H I T
E U O A L A C I Z X N A S R I
S T R K T F N E C P R M E H U
T A F A T R L H R L O I R R R
U N A R A M A A O O H N F R F
A N M B C R R E P R C A N L A
S L I S A O U R S E S R Y L S
A C L R E T R C H I C K E N S
M I Y S D L E I F U U F S S R
A C M W O R C E R A C S Y S E
R E L X U S E L B A T E G E V
R Z O F A R M A C R I V F E S
```

- ○ ANIMALS
- ○ BARN
- ○ BREEZE
- ○ CATTLE
- ○ CHICKENS
- ○ CROPS
- ○ EXPLORE
- ○ FAMILY
- ○ FARM
- ○ FIELDS
- ○ FRESH
- ○ FRUIT
- ○ GATHERING
- ○ HARVEST
- ○ HAY
- ○ MEMORIES
- ○ NATURE
- ○ RURAL
- ○ SCARECROW
- ○ VEGETABLES

BRAIN ACTIVITY - Puzzle #149

```
T E X E R C I S E N T G L A N
E C O G N I T I O N E A E N I
G R Y T H I N K I N G M A E S
A N E Z Y T I V I T A E R C T
T O H C R A E S E R I O N S I
P R O C E S S I N G M E I Y I
S U E I N S I G H T E E N C Y
U E M N M O S E G G N A G N R
C N O T N O I T N E T T A T O
O I T E U E S E N T A R A M M
F T I L S L Y A N M L T I Y E
I C O L R Z L P I E G U A N M
I N N I N Z A W A R E O L O A
I E S G S U N O R N L O M A C
I R I E N P A P B I O N O H S
```

- ○ ANALYSIS
- ○ ATTENTION
- ○ AWARE
- ○ BRAIN
- ○ COGNITION
- ○ CREATIVITY
- ○ EMOTIONS
- ○ EXERCISE
- ○ FOCUS
- ○ GAME
- ○ INSIGHT
- ○ INTELLIGE
- ○ LEARNING
- ○ MEMORY
- ○ MENTAL
- ○ NEURON
- ○ PROCESSING
- ○ PUZZLE
- ○ RESEARCH
- ○ THINKING

WORLD MARATHON - Puzzle #150

```
P S T A R T L I N E N H D N H
H Y D G R D E L S P E D T D D
S C T I U A T P O R S C A I A
G N L S N O D U N L S R S N E
A O S G N R P S A M N T E H C
H I G N I I P D I A A D A Y N
Y T N U N I E A A N S E A D A
H A I C G M A E C T R A T R R
P R N T N E V E V E I H C A U
O T I F I N I S H L I N E T D
R S A A T R O P P U S H E I N
T I R A C C O U R S E N E O E
C G T H S S E N T I F I N N T
R E A R N T O N O H T A R A M
N R E R O A S R E N N U R D C
```

- ○ ACHIEVE
- ○ COURSE
- ○ DISTANCE
- ○ ENDURANCE
- ○ EVENT
- ○ FINISH LINE
- ○ FITNESS
- ○ HYDRATION
- ○ MARATHON
- ○ MEDALS
- ○ PACE
- ○ REGISTRATION
- ○ ROAD
- ○ RUNNERS
- ○ RUNNING
- ○ START LINE
- ○ SUPPORT
- ○ TEAM
- ○ TRAINING
- ○ TROPHY

MEXICAN CUISINE - Puzzle #151

```
S A L L I T R O T S A E E O O
I A S C H I L E S C Z C H N J
E D C I R S M A C I E C A O L
E L O M A C A U G I O N S R S
T S R E G A S L A S R A S L I
A R N Z S C I L A N T R O R E
C T O E C R E D S I L N T S I
O M U I E S A B J L A O I E S
S R O N M L E A E I A C R O O
A E D O I C F L S A S S R P H
E N C H L A O A A M N R U O C
I E C I E M Q T L M U S B Z A
S N M E P A C A A H A I T O N
E B S G O S R O C R Z T M L T
O A L L I D A S E U Q O S E S
```

- ○ BEANS
- ○ BURRITOS
- ○ CHILES
- ○ CHURROS
- ○ CILANTRO
- ○ CORN
- ○ ENCHILADAS
- ○ FAJITAS
- ○ GUACAMOLE
- ○ LIME
- ○ MOLE
- ○ NACHOS
- ○ POZOLE
- ○ QUESADILLA
- ○ RICE
- ○ SALSA
- ○ SPICES
- ○ TACOS
- ○ TAMALES
- ○ TORTILLAS

COLD AND FLU - Puzzle #152

```
E U C D N T I V A C C I N E D
T M E O T N O I T A R D Y H C
N E S C I T S E R I D W E C R
C D Y T S T N A S A L O Z A E
I I M O S A C R V T T C W D C
L C P R U H G U O C H E U A O
F A T O E H E U G I T A F E V
E T O S S C E D L N A I D H E
V I M T W E L L N E S S W T R
E O S N T S S U S M Y N E F Y
R N C E H N E C R U G D H E R
I G G N I Z E E N S R N I E P
M V H U V P G R E C O I I U I
E L M R M N T I I E E G V A N
Y T I N U M M I H I N H Y E S
```

- ○ ACHES
- ○ CHILLS
- ○ COUGH
- ○ DOCTOR
- ○ FATIGUE
- ○ FEVER
- ○ GERMS
- ○ HEADACHE
- ○ HYDRATION
- ○ IMMUNITY
- ○ MEDICATION
- ○ NASAL
- ○ RECOVERY
- ○ REST
- ○ SNEEZING
- ○ SYMPTOMS
- ○ TISSUES
- ○ VACCINE
- ○ VIRUS
- ○ WELLNESS

CUSTOM SERVICE - Puzzle #153

```
R S E C R U O S E R A E W T Q
E C E P I T R A I N I N G B L
L Y M - N O R D E R I G R G Y
I R P Y T L A Y O L I A Y N S
A I A A E Y E L O L G R I E
B U T N Y K C A B D E E F T R
I Q H R E S P O N S E M N E V
L N Y Q G P O L I C I E S K I
I I E U E O O R N C T N I C C
T E A A E R L M - O T A I E
Y B P L O S F S E E E K G T N
L E W I T R O P P U S E Y N I
E L O T A F O L L O W - U P L
I A A Y H E L P D E S K S A N
O S E C N A T S I S S A E L O
```

- ○ ASSISTANCE
- ○ CALL
- ○ EMPATHY
- ○ ENGAGEMENT
- ○ FEEDBACK
- ○ FOLLOW-UP
- ○ HELPDESK
- ○ INQUIRY
- ○ LOYALTY
- ○ ORDER
- ○ POLICIES
- ○ QUALITY
- ○ RELIABILITY
- ○ RESOURCES
- ○ RESPONSE
- ○ SERVICE
- ○ SUPPORT
- ○ TICKETING
- ○ TRAINING
- ○ ONLINE

ROMANTIC PARIS - Puzzle #154

```
E E É D S U L O V E N I E S T
E I R F N O I S S A P U O R U
I B H U A A L L O R T S Y T F
F G E U T C N G N I M R A H C
F N F R G B E O S T O I D I E
E I A E U N E E T R U A K E
L N D S C T F D S I W O G G E
T I C R C I C I A S I S N C S
O D I M O I H E L N N K I S S
W T Y I G M N E T T E U G A B
E N N I F I A C I I I R I S B
R S E C R M R N I H H E E V S
S U N S E T S O C P R C E S S
T H G I L N O O M E E T R R T
D R A V E L U O B U N O T A N
```

- ○ ARCHITECTURE
- ○ ART
- ○ BAGUETTE
- ○ BOULEVARD
- ○ CAFÉ
- ○ CHARMING
- ○ DINING
- ○ EIFFEL TOWER
- ○ HISTORY
- ○ KISS
- ○ LOVE
- ○ MOONLIGHT
- ○ PASSION
- ○ PICNIC
- ○ ROMANCE
- ○ SEINE
- ○ SERENADE
- ○ STROLL
- ○ SUNSET
- ○ WINE

SCULPTURE PARK - Puzzle #155

```
E T E O N O I T C E L F E R N
R E O R G S W I T N D N B V O
U P T O A D R B R O N Z E H I
T A R O L I O O X T U S A R T
A C A D L I E S T S T R U T A
N S N T E E I S E I T I T I R
A D I U R S X I O I S I Y I I
T N T O Y P B H S D W I L L P
X A N C R E A T I V E O V N S
G L E B T R T I D B T S O N N
P A T H W A Y S L C I O I D I
S C U L P T U R E O X T A G T
O E F O E T R A O P W I Y I N
Z S N O I T C A R E T N I N A
E D I N S T A L L A T I O N P
```

- ○ ART
- ○ ARTIST
- ○ BEAUTY
- ○ BRONZE
- ○ CREATIVE
- ○ DESIGN
- ○ EXHIBIT
- ○ GALLERY
- ○ INSPIRATION
- ○ INSTALLATION
- ○ INTERACTION
- ○ LANDSCAPE
- ○ NATURE
- ○ OUTDOOR
- ○ PATHWAYS
- ○ REFLECTION
- ○ SCULPTURE
- ○ STONE
- ○ VISITORS
- ○ WOOD

DAILY ROUTINE - Puzzle #156

```
E H O S L F A S K D B D G S W
A O S N H E L U D E H C S L A
P L A N N I N G O A L S O K K
E T B M E N I T U O R M W M E
F S S O O A S S U T A S K S O
L A I A R R E G C H O R E S A
U E R C F S N N R T L S A R R
N H R N R K G I L N H T G E H
C A T G C E A T N O B G I A D
H B L U S S X E W G E F S D L
U I S S S K A E R B K P E I U
R T I S O G R M N B E E E N C
S S E N L U F D N I M E E G C
R E F L E C T I O N B L E S G
G P E S C O M M U T E S M I I
```

- ○ BREAKFAST
- ○ BREAKS
- ○ CHORES
- ○ COMMUTE
- ○ EXERCISE
- ○ GOALS
- ○ HABITS
- ○ LUNCH
- ○ MEETINGS
- ○ MINDFULNESS
- ○ MORNING
- ○ PLANNING
- ○ READING
- ○ REFLECTION
- ○ ROUTINE
- ○ SCHEDULE
- ○ SHOWER
- ○ SLEEP
- ○ TASKS
- ○ WAKE

SKI AND SNOWBOARD - Puzzle #157

```
N L D G N I V R A C E E I S E
T T R P S K W B O N C I N L A
R N A O N D S L L I H N W O D
S E O W O N C T E M L E H P M
T I B D W A T E R R A I N E W
R L W E F R L S O T J V S T C
I F O R L D C O H U T K E M P
O R N S A S E H M D I L G I R
S E S E K T T P A I S I I I E
P E G L E R O O N I F E R O T
E S A G S A N G O N R C N F N
E T S G N I D N I B O L L U I
D Y E O U L C T N R S E I E W
R L A G G S L N E S T A T F E
P E H C N A L A V A E P T E T
```

- AVALANCHE
- BINDINGS
- BOOTS
- CARVING
- CHAIRLIFT
- DOWNHILL
- FREESTYLE
- FROST
- GOGGLES
- HELMET
- JUMP
- POWDER
- SKIING
- SLOPE
- SNOWBOARD
- SNOWFLAKES
- SPEED
- TERRAIN
- TRAIL
- WINTER

ARIZONA - Puzzle #158

```
W N H S H C N A R L R E U E S
I S U A N S L C C G K E A E U
L N O Y N A C D N A R G E R E
D T O N C D V R R E P P O C M
L F S E R N A A A C R A U A L
I S A O U T O A J N D L U O S
F R G E P R S X E O T A N N U
E R U T N E V D A U E O C M T
D N A A M S N S R T S R U I C
L H R E S E H A A C P O S N A
L R O T R D L L U D S C U A C
X I N E O H P T T A M K N A F
A O T N E I A I A Y A S S O N
U R G N I K I H U E R O E U A
C I R A N O D E S N H A T O R
```

- ADVENTURE
- CACTUS
- COPPER
- CULTURAL
- DESERT
- GRAND CANYON
- HEAT
- HIKING
- MESA
- NAVAJO
- PHOENIX
- PLATEAU
- RANCH
- ROAD
- ROCKS
- SAGUARO
- SEDONA
- SUNSET
- TUCSON
- WILDLIFE

AMERICAN FAST FOOD - Puzzle #159

```
A S I A G H S T E G G U N O D
M W D Z A F O K G O D T O H E
C E R C M I Z P B G D H G R W
G S O T E F F U B E E F H S N
E C T T N A R H D C T D C O I
C D S B U G H C E E O W I C P
I O V E E H H T L E B A W A A
S A H R I I Y E I I M N D T R
S W U S C R R K V M O D N O W
H R O K U N F G E H C I A E S
A E E C G E A U R N N N S R E
K N E A U H F T Y D N E - Z N
E K H D R I V E - T H R U N H
A Z Z I P O N I O N R I N G S
O E U G M N - D T A K E O U T
```

- ○ BUFFET
- ○ BURGER
- ○ CHICKEN
- ○ COMBO
- ○ DELIVERY
- ○ DINER
- ○ DRIVE-THRU
- ○ FRIES
- ○ HOT DOG
- ○ KETCHUP
- ○ MENU
- ○ NUGGETS
- ○ ONION RINGS
- ○ PIZZA
- ○ SANDWICH
- ○ SHAKE
- ○ SODA
- ○ TACOS
- ○ TAKEOUT
- ○ WRAP

SEA CREATURES - Puzzle #160

```
L M O I J E L L Y F I S H L O
S L S L D O U R C H I N C H R
H N S A A I K R A H S A S E A
R D L R B A H L E E E I C A F
I I A L A I S I A H A O S L I
M U M A R L I N E S H R U D S
P Q L E U H F D S A O E P A H
P S A S E R R E A E R T O A D
H E S E A W E E D S S S T N F
U N E R P H L O L U E B C N R
I I R H E S G S S T A O O T L
D O L P H I N A B C R L R A A
I Q S S H B A R R A C U D A R
F B R A U E L A H W R O T G O
H L S T A R F I S H I C A H C
```

- ○ ANGLERFISH
- ○ BARRACUDA
- ○ CORAL
- ○ CRAB
- ○ DOLPHIN
- ○ FISH
- ○ JELLYFISH
- ○ LOBSTER
- ○ MARLIN
- ○ OCTOPUS
- ○ SEAHORSE
- ○ SEAL
- ○ SEAWEED
- ○ SHARK
- ○ SHRIMP
- ○ SQUID
- ○ STARFISH
- ○ TURTLE
- ○ URCHIN
- ○ WHALE

TYPES OF DANCES - Puzzle #161

```
S A L S A H B Z N O A K M P T
M P A Y T U R O R W A A O C S
A A C M A H E O U T N C O A A
G H M M N E A M M T T U R Y M
N L C B G E K E B E N G L P B
I K L - O R D O A T N N L E A
P E L A A K A P R A T E A R U
M L H T O H N Y H N E Y B P B
U Y O C A T C B D E P B A O G
R T A F C B E R T U T A A H M
K S R I Z I M N A K A L T - -
B E F O L K I U Y A S L R P N
E E L M T O R A Z B M E T I U
O R M H P M R A W A L T Z H L
S F T F O X T R O T A G L L C
```

- BALLET
- BALLROOM
- BHANGRA
- BREAKDANCE
- CHA-CHA
- COUNTRY
- FOLK
- FOXTROT
- FREESTYLE
- HIP-HOP
- KRUMPING
- MAMBO
- POINTE
- RUMBA
- SALSA
- SAMBA
- TANGO
- TAP
- WALTZ
- ZUMBA

PROFESSION - Puzzle #162

```
A N C A O S R E E N I G N E S
I J T F I R E F I G H T E R R
T A A M E C H A N I C S S T S
T O C N M R R A E I D I A C F
A W T C J A L R E W O L H O A
R T D I O L E C O R C A N N R
T T C E S U U H I I T N T S M
I T N R N C N I I T O R O U E
S E D I R A I T F E R U L L R
T A S E C R I E A R P O I T E
A C S S T Y H C N N A J P A Y
N H E R H C A T I T T T I N W
U E C U R E I S A S I L Y T A
N R E N G I S E D T U S U T L
C L T S I P A R E H T M T Y I
```

- ACCOUNTANT
- ARCHITECT
- ARTIST
- CHEF
- CONSULTANT
- DESIGNER
- DOCTOR
- ENGINEER
- FARMER
- FIREFIGHTER
- JOURNALIST
- LAWYER
- MECHANIC
- MUSICIAN
- NURSE
- PILOT
- SCIENTIST
- TEACHER
- THERAPIST
- WRITER

BUILDINGS - Puzzle #163

```
T A E S E C A L A P H E L E Y
R E N Y H C T Y R A R B I L T
E R E T A E H T T A H O T E L
P Y R O T C A F A I A A A L A
A U E A M O R N C E Y E S P R
R G O V E R N M E N T L L M D
C I O A C E R E T R A L O U E
S O G S A G O L D T A C T E H
Y F U M M A H U I L C S E S T
K F Y U A T C P O O V G L U A
S I A I L T S O M E D T A M C
E C H D L O H A S I E T H S A
G E E A H C H U R C H T C C O
O E E T S L O B A M O S S R U
O E H S S H G U C L R O T U C
```

- ○ ARENA
- ○ BRIDGE
- ○ CATHEDRAL
- ○ CHALET
- ○ CHURCH
- ○ COTTAGE
- ○ FACTORY
- ○ GOVERNMENT
- ○ HOSPITAL
- ○ HOTEL
- ○ HOUSE
- ○ LIBRARY
- ○ MALL
- ○ MUSEUM
- ○ OFFICE
- ○ PALACE
- ○ SCHOOL
- ○ SKYSCRAPER
- ○ STADIUM
- ○ THEATER

THE NATURE OF AUSTRALIA - Puzzle #164

```
A K C A B T U O B E A C H N R
E F A T O U B D I A L A O K A
A L P N R A K R I W E D K E D
I O I O G E A U I N O M L A U
N R D D R A L O R S G M L N D
A A M G O C R E E U K O B U R
M L O B R C T O C D L A G A B
S D G E I M O U O A U U E F T
A F E E R L A R O C M A T I N
T C R A D A L K C T T U A D D
O D R E G T L A R M G R E T U
N F J O R D I E B L N S T K L
O E L K I R E D J O E W N C W
R W E T L A N D A R N O L W N
W I L D L I F E T L T G R D L
```

- ○ BEACH
- ○ BILLABONG
- ○ CORAL REEF
- ○ CROCODILE
- ○ DESERT
- ○ DINGO
- ○ FAUNA
- ○ FJORD
- ○ FLORA
- ○ GUM TREE
- ○ KANGAROO
- ○ KOALA
- ○ OUTBACK
- ○ OUTCROP
- ○ TASMANIA
- ○ TIDAL
- ○ ULURU
- ○ WETLAND
- ○ WILDLIFE
- ○ WOMBAT

DIVING - Puzzle #165

```
O C B N U P S I K A B L B U T
P O X Y G E N E H S B E T X A
S R E G U L A T O R A E I I B
N T R S G I A U R L N M G D N
O O O G S N O R K E L G R R F
E T I S E V I D R A L A A R B
T D B T E P A V K K O C E H E
I I A E A K S G I B V E T E E
U V B C N R X G U D F P C O H
S E U A S L O B A S E L O A A
T T C F A K B L B D S V R E R
E A S R F L E V P N N S A O P
W N I U E X A B I X I Y L C O
L K U S T K I F I T E D S O O
R Y A A Y V S I G N A L E L N
```

- BOARD
- BUBBLES
- CAVE DIVING
- CORAL
- DEPTH
- DIVE SITE
- DIVE TANK
- EXPLORATION
- FINS
- HARPOON
- MASK
- OXYGEN
- REEF
- REGULATOR
- SAFETY
- SCUBA
- SIGNAL
- SNORKEL
- SURFACE
- WETSUIT

FILM AWARDS - Puzzle #166

```
W E E R N R R O T C A H O P R
E B O L G N E D L O G N O A I
E R D I T R O P H Y U A C C A
E E N I M O N C I R R S A C R
N T Y O T W C T T C O E T E L
E C S N I N R E D C A R P E T
I L B A O T R O T C E R I D L
N R A Y C M A C G S B E C I A
A E A V R D E M S C A R F N C
N I N N I T A R I L F C I C I
Y L O E T T S O E N T W L T N
R F A S I L S U R C A A M A H
R R R L C A R E D B T I N O C
C F I R S O A A F N R I N N E
E E A C A N N E S P I L C A T
```

- ACTOR
- ACTRESS
- ANIMATION
- BAFTA
- BROADCAST
- CANNES
- CEREMONY
- CLIPS
- CRITICS
- DIRECTOR
- FESTIVAL
- GOLDEN GLOBE
- INDUSTRY
- NOMINEE
- OSCAR
- RED CARPET
- FILM
- TECHNICAL
- TROPHY
- WIN

NEWSPAPERS - Puzzle #167

```
J O U R N A L I S T I E P U S
I T E L R E R L O T D N P T O
A T O O C H E C K I N G I A U
I P H O T O C O T O I R E T R
S H R I T I E O C H S N L O C
S E A I T H R I A U I A P O E
U I O T N I U L F L Y E R P T
E E P N A T T R D O C O T T E
A L I L E I A A U C T Y E C C
C C N S E O E T R I I O E O T
R I I R M H F H D E T A L N E
C T O N L I N E O E P U C T I
S R N A O J R E D E M O C E O
E A M O O R S W E N R S R N T
L U U P R E S S C I E D I T S
```

- ARTICLE
- CHECKING
- COLUMN
- CONTENT
- EDITOR
- EDITORIAL
- FACT
- FEATURE
- HEADLINE
- ISSUE
- JOURNALIST
- LAYOUT
- NEWSROOM
- ONLINE
- OPINION
- PHOTO
- PRESS
- PRINT
- REPORT
- SOURCE

COLORS - Puzzle #168

```
E O K O E O L I V E A O L A V
A G M R E G T E A L I N O Q R
A I I E N U A K I T N V G A R
P D I E R Y V M A W N W H P A
R N I S B M A T O L S E E K V
H I C I A M M R U M B R G C H
R E B O G I B C G E B R E A L
Y O L U L N R T L K T E T N M
V E A Q M T O P E A C H I A Y
A O C R P I R O I O K O H R E
N V K U L U L A R N N M W O A
O S R T P R U A C A K T G A A
I K N N O O L A A E M N G I G
U R R E D N E V A L I T E G N
M K N A Y C R I M S O N R W M
```

- BEIGE
- BLACK
- BROWN
- CORAL
- CRIMSON
- CYAN
- GRAY
- INDIGO
- LAVENDER
- MAGENTA
- MAROON
- MINT
- NAVY
- OLIVE
- PEACH
- PINK
- PURPLE
- TEAL
- TURQUOISE
- WHITE

THANKSGIVING DAY - Puzzle #169

```
I F N U N O I T I D A R T T R
R S S A I T A U F L G T I I N
S S E Y H U I E D A R A P A N
F T T U R K E Y T M A E U L N
U U K P R R S H I S I T N S R
S F D I N N E R G P U A B G L
C F Y V A R G B N M P F E N U
N I T I I E I I N G E L I I F
F N A N S A K U T A B R A S K
N G G L U P O I S A R O R S N
S R G T M F M T T I A C C E A
E B O U N T I F U L P T R L H
G N P C F O O T B A L L T B T
S R E V O T F E L R R B U E U
H A R V E S T Y N T O A S T H
```

- AUTUMN
- BLESSINGS
- BOUNTIFUL
- CORN
- CRANBERRY
- DINNER
- FEAST
- FOOTBALL
- GATHERING
- GRAVY
- HARVEST
- LEFTOVERS
- PARADE
- PUMPKIN PIE
- STUFFING
- TABLE
- THANKFUL
- TOAST
- TRADITION
- TURKEY

FRIENDS - Puzzle #170

```
N S E A S O N S R A C H E L I
H H H Q O S Y D Y T L T C E O
C O S G H A E R I K E Y E E F
E H C A C I N O M S R B E A A
N I I C G P M S B T I I G O M
T E C C P E O S O N O D U N J
R H E M K O L U G E O U E Q E
A E I Y H I M L E M K C L B H
L H L U D E N F E T C K E O Y
P A M D I E F O I R U O Y S S
E O N E N O M G A A H S G E E
R H O M C A A O O P D U D Y U
K C D K E N H S C A H P H A T
M I C A U E R C R Q L H E R C
G R I N S G N O S E M E H T I
```

- APARTMENT
- BING
- CENTRAL PERK
- CHANDLER
- CHICK
- COFFEE
- COMEDY
- DUCK
- GELLER
- HUGSY
- HUMOR
- JOEY
- MONICA
- PHOEBE
- QUIRKY
- RACHEL
- ROSS
- SEASONS
- THEME SONG
- UNAGI

CIRCUS - Puzzle #171

```
W A E A H L R N T A S N E T T
U R T T C L O W N C A R E W O
E R T R R G E L A V I N R A C
P E I A S N S T E K C I T T E
Z K G P N I P J W H I P N C A
P R H E O C R A U D I E N C E
A A T Z O N L R S G T O S I E
I B R E L A A T N G G N A T N
N P O N L L C S A N S L O C I
L R P W A A N E O B L T E M T
R E E O B B M T E E O E A R Z
E O E L E B N I T A A R P G V
J T A C R I S T N U T S C N E
L E I N A I C I G A M E N A R
N L E E A F I R E - E A T E R
```

- ○ ACROBAT
- ○ ACTS
- ○ ANIMAL
- ○ AUDIENCE
- ○ BALANCING
- ○ BALLOONS
- ○ BARKER
- ○ CARNIVAL
- ○ CLOWN
- ○ CLOWN CAR
- ○ FIRE-EATER
- ○ JUGGLER
- ○ MAGICIAN
- ○ STAGE
- ○ STUNTS
- ○ TENT
- ○ TICKETS
- ○ TIGHTROPE
- ○ TRAPEZE
- ○ WHIP

SUBWAY - Puzzle #172

```
U T O T R A I N E X P R E S S
S O E T F Y R L A E R R R E C
R T G E C E O R U M U O A I C
E M A P R S T A T I O N F L T
F O I E O T P L A T F O R M C
S C R R S C E O T E K C I T P
N P R U S O E O E E R T T Y E
A C A S O N T A A N I E E T A
R S C H V D L S L O C A L E N
T L T H E U I E O S E R U F P
R R M O R C S I N M E R D A E
E L A U A T A V A N T T E S S
L U C R T O I I X O U S H T R
O N V N T R A X X U O T C A A
R L R I M X R M E T R O S N T
```

- ○ CARRIAGE
- ○ CONDUCTOR
- ○ CROSSOVER
- ○ EXIT
- ○ EXPRESS
- ○ FARE
- ○ LOCAL
- ○ MAP
- ○ METRO
- ○ PLATFORM
- ○ ROUTE
- ○ RUSH HOUR
- ○ SAFETY
- ○ SCHEDULE
- ○ STATION
- ○ TICKET
- ○ TRAIN
- ○ TRANSFER
- ○ TUNNEL
- ○ TIME

TYPES OF TEA - Puzzle #173

```
E C H H E C A E J A S M I N E
C E A R S N W A N M R N I G C
O H G K E O T S W H I T E N P
B U A O F - B A L E E G E O N
O I E M L W U I N P L S T L A
E A N H O D I P O L A C N O R
L H I A W M E A P O B G I O -
O C S F E J I N I A R S M W M
T A U A R L G L S E E L R M A
T L C I E U N I E N H B E Y T
L A S A F R I N N C A I P E C
U S I T E S C T C G L E P L H
M A B I I S H R H P E E E R A
H M I A I E A S A T O R P A I
G N H H A H I E M K C A L B E
```

- ○ BARLEY
- ○ BLACK
- ○ CHAI
- ○ CHAMOMILE
- ○ FLOWER
- ○ FRUIT
- ○ GINGER
- ○ GOLDEN
- ○ GREEN
- ○ HERBAL
- ○ HIBISCUS
- ○ JASMINE
- ○ MASALA CHAI
- ○ MATCHA
- ○ OOLONG
- ○ PEPPERMINT
- ○ PU-ERH
- ○ ROOIBOS
- ○ SENCHA
- ○ WHITE

JUNGLE - Puzzle #174

```
W A T E R F A L L P F Y A L I
T N S A D N A P I O A I I V N
N D C E O S S A L N V A V I S
A N S F O N C I E M N T O O E
H A D E A A A I T A A I N C C
P R T C N G B N S Y O G L S T
E S A O E I S N L T Y E T A S
L E P I R L V U J G O R I N I
E Y C D N S A R N S J U S I R
A U S P E F I L D L I W C M T
T T N C I T O X E O I T O A T
L O T N P M I R T T C G E L N
R J A G U A R O E H F I H S Y
E N O H T Y P M I S N C S T N
L A C I P O R T I A T E T C L
```

- ○ RAINFOREST
- ○ CANOPY
- ○ WILDLIFE
- ○ FOLIAGE
- ○ TROPICAL
- ○ VINES
- ○ EXOTIC
- ○ ANIMALS
- ○ BIRDS
- ○ INSECTS
- ○ LIANAS
- ○ PANDAS
- ○ JAGUAR
- ○ TIGER
- ○ SLOTH
- ○ TOUCAN
- ○ ELEPHANT
- ○ PYTHON
- ○ WATERFALL
- ○ SUNLIGHT

MUSICAL GENRES - Puzzle #175

```
U P P O S P O H P I H P E D O
B C I N O R T C E L E O O U P
A O & P & C N Z A A A P E A E
S Y H G H O K C U L G - L I E
J P A P N N I T A L G H L N L
A H K K P S E U L B E T Y D R
Z S C U S A Y C U Z R N L I S
Z P N A N R P Y L A O Y T E K
O K L M H E M I L E A S C E J
O C E O P P L E O O P K A P C
O E R F C O U N T R Y S E I O
F T P & O C E N S A & R O C K
S N O O B L E S O U L B O G T
S R P E P L K E A A R C U Y &
A L C P E R O P P I C T P A C
```

- ○ BLUES
- ○ CLASSICAL
- ○ COUNTRY
- ○ ELECTRONIC
- ○ FOLK
- ○ GOSPEL
- ○ HIP HOP
- ○ INDIE
- ○ JAZZ
- ○ LATIN
- ○ METAL
- ○ OPERA
- ○ POP
- ○ PUNK
- ○ R&B
- ○ REGGAE
- ○ ROCK
- ○ SKA
- ○ SOUL
- ○ SYNTH-POP

MAGAZINES - Puzzle #176

```
M L F D I G I T A L N P S F N
T N E T N O C N E R L L S I N
E T A R N O O O E R A U I R S
E I T P V I T A O T N L I E N
D N U E D I T O R I U S T D O
L O R L E F U O H T T N S A I
A I E Y D T O L A P I N O E T
N T S T I N Y D T R M C O R A
R A W S T O A I P U E H L R R
U C E E O I L S L I I U N E T
O I N F R H G O S S I P T O S
J L I I I S C T U L T R R F U
O B I L A A N D G I A R O I L
A U C C L F H N S O R T R T L
I P O T T E O S R E V I E W I
```

- ○ ARTICLES
- ○ COLUMNS
- ○ CONTENT
- ○ COVER
- ○ DIGITAL
- ○ EDITOR
- ○ EDITORIAL
- ○ FASHION
- ○ FEATURES
- ○ GOSSIP
- ○ ILLUSTRATIONS
- ○ JOURNAL
- ○ LAYOUT
- ○ LIFESTYLE
- ○ NEWS
- ○ PHOTO
- ○ PRINT
- ○ PUBLICATION
- ○ READER
- ○ REVIEW

EMOTIONS - Puzzle #177

```
H N G A M Y S A A N X I E T Y
R O E H A P P I N E S S A I H
R S E S F A O A L I P N S T T
N T R T I R H N O E D R N S A
O A O E R R U T N L T A I N P
I L N N R U P S E P O H L D M
T G E S E N Y R T V F U R T E
C I O I G T O O U R O E N X I
A A S O N G S I J S A L A S I
F G R N A E L S S R E T N R R
S J E E Y D I S G U S T I Y V
I T S E T A S C U H F G V O N
T A E E T L I U G E T N E D N
A F E I L E R T S A E E O A Y
S S E N D A S R E N S I H C S
```

- ○ ANGER
- ○ ANXIETY
- ○ CONFUSION
- ○ DISGUST
- ○ EMPATHY
- ○ ENVY
- ○ FEAR
- ○ FRUSTRATION
- ○ GUILT
- ○ HAPPINESS
- ○ HOPE
- ○ JOY
- ○ LOVE
- ○ NOSTALGIA
- ○ PRIDE
- ○ RELIEF
- ○ SADNESS
- ○ SATISFACTION
- ○ SURPRISE
- ○ TENSION

SUPERHEROES - Puzzle #178

```
A A S U P E R M A N E I K L S
F L A S H R V D N A M - T N A
D G I A V L E V R A M E L N N
A V R V W N A M T A B I U A M
K S I E E L L N S R N U K M S
I H R S E D O S A O L H E R E
R A N N I N E O L A E U C E N
O Z M G N O A R P N A L A D I
N A O A L O N R A D E K G I R
M M R N U M R M R D A R E P E
A L R I G T A B S O W E E S V
N A R E K U K A O L W H D N L
R O H T Q C S T E L R A C S O
I R H A W K E Y E I O V M L W
W C H E W U A M I E M A E R T
```

- ○ ANT-MAN
- ○ AQUAMAN
- ○ BATGIRL
- ○ BATMAN
- ○ DAREDEVIL
- ○ DEADPOOL
- ○ FLASH
- ○ GREEN ARROW
- ○ HAWKEYE
- ○ HULK
- ○ IRON MAN
- ○ LUKE CAGE
- ○ MARVEL
- ○ SCARLET
- ○ SHAZAM
- ○ SPIDERMAN
- ○ SUPERMAN
- ○ THOR
- ○ VISION
- ○ WOLVERINE

GEOGRAPHICAL PHENOMENONS - Puzzle #179

```
E L O H K N I S L K D A Y H O
R A E K S S N L A O A C D E O
G E G E F O R J A Y L R S N Y
E F E S F L O O D L O T A A A
U S Y F I O M A A U U C R V U
D R S E L A Q A G A L N E A A
R K E L C A R H R O S A I L L
O D R P W W T Y V S R A C A H
J C E A N S U A A E O V A N O
F A E K A U Q H T R A E L C L
F N E D I L S D N A L V G H F
K Y U G E N A C I R R U H E E
E O A S I S O S U A E T A L P
N N L E U R D N A L T E W S O
I M A N U S T O R N A D O C N
```

- AVALANCHE
- CANYON
- CLIFFS
- DROUGHT
- EARTHQUAKE
- ESTUARY
- FJORD
- FLOOD
- GEYSER
- GLACIER
- HURRICANE
- LANDSLIDE
- OASIS
- PLATEAU
- REEF
- SINKHOLE
- TORNADO
- TSUNAMI
- VOLCANO
- WETLAND

FAMOUS ARTISTS - Puzzle #180

```
L W L A Y E N K C O H Q A O M
R E M B R A N D T N W N H S I
C A R N O B O L L D K I C S C
N N L T A I U Q S A B A N A H
K E I H Y S A D H V H S U C E
B A S E A O Q L I I G A M I L
H E E S T R O I N N O M I P A
C T A U I S I E I C G A E G N
R N O Í K T N N K I N S N T G
D S L H A A A E G L A U N M E
P A C L M A E M T O V K A I L
D E I O K M N N L H D L Z L O
L Y N E O L K M I R C O É K L
H E S O L C U A L A L I C C H
T K C O L L O P N W Y Z L N I
```

- BASQUIAT
- CLOSE
- CÉZANNE
- DA VINCI
- DALÍ
- HARING
- HOCKNEY
- KAHLO
- KLIMT
- KUSAMA
- LICHTENSTEIN
- MATISSE
- MICHELANGELO
- MONET
- MUNCH
- PICASSO
- POLLOCK
- REMBRANDT
- VAN GOGH
- WARHOL

POLITICAL DEBATES - Puzzle #181

```
T M O D E R A T O R I E E O U
I S T R A T E G I E S C C I O
E T C A N D I D A T E T N L C
L A U D I E N C E T R C A S A
E T E E S B I T A S I I T E M
C O E S I A L M T I F R S U P
T V C U S T I P S O S O S S A
I O E I Q E O A P S S T L S I
O T S N O I N I P O O E A I G
N I N A N T T R L E R H T S N
G N A T C I L I A V C R T N C
E G S U I O I V R U R M U I D
P O L I C I E S T C E S B T B
S N O I S S U C S I D R E F M
D G I C P L A T F O R M R T S
```

- ○ AUDIENCE
- ○ CAMPAIGN
- ○ CANDIDATE
- ○ CRITIQUE
- ○ CROSSFIRE
- ○ DEBATE
- ○ DISCUSSION
- ○ ELECTION
- ○ ISSUES
- ○ MODERATOR
- ○ OPINIONS
- ○ PLATFORM
- ○ POINTS
- ○ POLICIES
- ○ REBUTTAL
- ○ RHETORIC
- ○ STANCE
- ○ STRATEGIES
- ○ TV
- ○ VOTING

PLUMBING - Puzzle #182

```
B S R C D A O L E I U A D A R
N L O P A R T N U W A R D W E
C T L I E N C E E F A U N O P
A R U G P O O V H I N L R R A
T A L N I I N L N X R N W R I
E I W I P T N A E T R I B B R
R M P T E A E V U U L E A K E
U E U A T L C P U R E T C E D
S S A E O L T L S E H S K P L
S F H H L A O U T T G S F W O
E T S T R T R M U E E E L A S
R O U A N S O B S W C L O G L
P P L E B N W E E G O U W V E
O W F L L I O R R N U F A S E
N V E I H C N E R W K O F F H
```

- ○ BACKFLOW
- ○ BATHTUB
- ○ CLOG
- ○ CONNECTOR
- ○ DRAIN
- ○ FAUCET
- ○ FIXTURE
- ○ FLUSH
- ○ HEATING
- ○ INSTALLATION
- ○ LEAK
- ○ PIPE
- ○ PLUMBER
- ○ PRESSURE
- ○ REPAIR
- ○ SEWER
- ○ SOLDER
- ○ TRAP
- ○ VALVE
- ○ WRENCH

SPORT BRANDS - Puzzle #183

```
M A A K E C N A L A B W E N R
N U B U O R M U E W S N E R L
A L C E O B L I M E L R Y E S
A E C C C U E E Z B A A K L A
O P U A L S S E C U R I U T S
C A S E E R I O R Y N O O A A
U I M S E L Y E L K A O U I S
D O R V I C A S I C S C I K K
N V N O I P M A H C O N R K E
M O L A K O H D E N R E A S C
C O U F A F K I Y N A P L E H
R A N O U L E D U B P U M A E
C O L U M B I A O A I O A F R
K O L Z E C A F H T R O N O S
N U N D E R A R M O U R E I O
```

- ○ ADIDAS
- ○ ASICS
- ○ CHAMPION
- ○ COLUMBIA
- ○ CONVERSE
- ○ FILA
- ○ HOKA
- ○ KAPPA
- ○ LULULEMON
- ○ MIZUNO
- ○ NEW BALANCE
- ○ NIKE
- ○ NORTH FACE
- ○ OAKLEY
- ○ PUMA
- ○ REEBOK
- ○ SAUCONY
- ○ SKECHERS
- ○ UMBRO
- ○ UNDER ARMOUR

FAMOUS SINGERS - Puzzle #184

```
D C Y E L S E R P E I L I S H
H G F D Y É N E A G I F S R R
G S T E F A N I E M A U H C D
I N R B L D E E I G E R A E N
W L Z Y G E A A N I S T L N N
O A D C T L H A W I D A C G E
N G G S B E Y O N C É D W I E
W A N F I P B W U I S O R V T
A G Z R W Z Y T H S I B I A S
O R H A H K N R F S T I H L G
A O I N I E A I U I A O A U N
J A C K S O N O A C W C N O I
T Y E L N J A A L B R S N Z R
R O H I N O E T H S O E A O P
É H G N G O M E Z I A C M N S
```

- ○ ADELE
- ○ BEYONCÉ
- ○ BOWIE
- ○ CASH
- ○ COBAIN
- ○ DYLAN
- ○ EILISH
- ○ FRANKLIN
- ○ FURTADO
- ○ GAGA
- ○ GOMEZ
- ○ HOUSTON
- ○ JACKSON
- ○ LAVIGNE
- ○ MERCURY
- ○ PRESLEY
- ○ RIHANNA
- ○ SPRINGSTEEN
- ○ STEFANI
- ○ SWIFT

LANDLORD - Puzzle #185

```
E E S E I T I L I T U O T M N
L G N N D P R T I S R I E P O
A S O Y N T E L B U S N O U I
N E T L T O N O C L O S I E T
D C I N N R T L R I G H T S C
L U C P A N A R T A D R I D I
O R E Y N W L C T L S I A C V
R I S C E U E Y D I S P U T E
D T A N T P R S Y U T M R R D
S Y E A S A M E N I T I E S N
A R L N R R T N N T S N N A D
S U I E E S R N R T O T P T I
P S R T I D U R A T I O N G R
A L N I T C N Y T R E P O R P
I D C O N D I T I O N E Y O R
```

- ○ AMENITIES
- ○ CONDITION
- ○ DISPUTE
- ○ DURATION
- ○ EVICTION
- ○ INSPECTION
- ○ LANDLORD
- ○ LEASE
- ○ NOTICE
- ○ PROPERTY
- ○ RENEWAL
- ○ RENT
- ○ RENTAL
- ○ RIGHTS
- ○ SECURITY
- ○ SUBLET
- ○ TENANCY
- ○ TENANT
- ○ TERMS
- ○ UTILITIES

FLOWERS - Puzzle #186

```
T I N M R V E C E E L N I O D
U A P S D L Y S N A P G A H Y
L R A U P R I Z I N N I A Y L
I A A C A E I E L I L Y L D N
P I T S N D S O I R I H D R S
R N C I A N A R D E L D I A I
E O A B I E Y C A U A Z E N R
W G R I N V M H I U C T L G A
O E N H U A A I S E E R F E I
L B A A T L R D Y N O E P A L
F I T C E L I M P N E G N I H
N I I O P C G A I I R I S I A
U O O D P I O A I H E P I D D
S O N Y Y E L A Y U E U E U S
L I A L C I D S U R O S E N S
```

- ○ BEGONIA
- ○ CARNATION
- ○ DAHLIA
- ○ DAISY
- ○ FREESIA
- ○ HIBISCUS
- ○ HYDRANGEA
- ○ IRIS
- ○ LAVENDER
- ○ LILAC
- ○ LILY
- ○ MARIGOLD
- ○ ORCHID
- ○ PANSY
- ○ PEONY
- ○ PETUNIA
- ○ ROSE
- ○ SUNFLOWER
- ○ TULIP
- ○ ZINNIA

CHEMISTRY - Puzzle #187

```
S A P C C S N O I T C A E R O
O N R R H Y S P E R I O D I C
T I O O S E S N I N S T L I T
S A P R E E S E S O Y S O D P
O S E D T H N T E I N E M H T
L D R E L C O S L T T C I Y T
V N T S T E E Y U U H H X Y U
E O I I M S S L C L E E T T C
N B E S O O N A E O S M U I N
T R S Y C E T T L S I I R O V
E C I L S R O A O L S C E N I
N P S A C I D C M T R A B S A
O E B N A I A R A Y A L C O L
N L O A S P R E S E A R C H E
A P S P E L E M E N T S M P E
```

- ○ ACID
- ○ ANALYSIS
- ○ ATOMS
- ○ BASE
- ○ BONDS
- ○ CATALYST
- ○ CHEMICAL
- ○ ELECTRONS
- ○ ELEMENTS
- ○ IONS
- ○ MIXTURE
- ○ MOLECULES
- ○ PERIODIC
- ○ PROPERTIES
- ○ REACTIONS
- ○ RESEARCH
- ○ SOLUTION
- ○ SOLVENT
- ○ SYNTHESIS
- ○ PH

JUST MARRIED - Puzzle #188

```
I G S T E T E S O V O W S E N
R Y N H G E M A R R I A G E A
A S S B U S K G W L Y E H G T
B S A L E K C A U C O G O G I
C E G R S C L N C E E V N C R
L N O I T P E C E R R Y E L A
H I B H S S S I K E O E Y A C
G P B R I D E R C M M T M C T
B P M S I A Y N I O I O O B Q
G A E H E E A E M N E I O K O
O H M P O D G V U Y G U N R O
S E I R O M E M O E Q S M R G
G T G R R E T H G U A L R A D
N R O M A N C E E T O A S T N
A O V A N S V T E O O Q G R C
```

- ○ BOUQUET
- ○ BRIDE
- ○ CAKE
- ○ CEREMONY
- ○ DANCE
- ○ GROOM
- ○ GUESTS
- ○ HAPPINESS
- ○ HONEYMOON
- ○ KISS
- ○ LAUGHTER
- ○ LOVE
- ○ MARRIAGE
- ○ MEMORIES
- ○ RECEPTION
- ○ RINGS
- ○ ROMANCE
- ○ TOAST
- ○ UNITY
- ○ VOWS

OPERA - Puzzle #189

```
O F C A U O L F A L S E T T O
V E L I B R E T T O B R A V O
A L O R E C I T A T I V E U R
R I S S U A A R O R A T E E C
O B O T I N D C A D E N Z A H
N R N R A O S I E U O S C A E
E E A A S G D R D T F O L N S
T T R C I C E S I D I V A G T
T T P D C R O R N I N E O I R
B I O H R E A R R R A R U S A
A S S H I B S R E T L T R E C
A T E E E V T U E T E U T D N
O S U R O H C A A S E R S T B
S E R C A D T E U R O E I E R
T O R O T C U D N O C V O S E
```

- ARIA
- BARITONE
- BRAVO
- CADENZA
- CHORUS
- CONDUCTOR
- DIVA
- DUET
- FALSETTO
- FINALE
- LIBRETTIST
- LIBRETTO
- ORCHESTRA
- OVERTURE
- RECITATIVE
- SCORE
- SET DESIGN
- SOPRANO
- STAGE
- TENOR

FRENCH CUISINE - Puzzle #190

```
I A P A O L A L E E T R R O É
C R O I S S A N T C I T G Q L
C B Q Q O É T Â P S R R A Q F
S L T E N I E L E D A M B U F
A C M N O F O O R T A C A I U
S T R C O A P M Q G I A G C O
I N E Ê R R A S U E E É U H S
S D O O P S A L A D E E E E E
S C T C S E T C F R R S T S L
A A A O L E S C A R G O T D M
C A S S O U L E T M O E E U T
C E C I R I A L C É F M I S I
P R O F I T E R O L E E A O R
C T E L L I U O T A T A R G F
I C O Q A U V I N N T A R T E
```

- BAGUETTE
- BRIE
- CASSIS
- CASSOULET
- COQ AU VIN
- CROISSANT
- CRÊPE
- ESCARGOT
- FOIE GRAS
- FROMAGE
- MACARON
- MADELEINE
- PROFITEROLE
- PÂTÉ
- QUICHE
- RATATOUILLE
- SALADE
- SOUFFLÉ
- TARTE
- ÉCLAIR

CHRISTMAS SHOPPING - Puzzle #191

```
U F U P G E L T C U E R T S B
D E L I V E R Y O R E A L D W
S S F L O R T V T E G D U B A
N T N O S T Y I E D U V R U D
S I O T S G N I K C O T S H I
I V S A L E S E S M C A S R S
I E L R W N B Y L A S T H T C
L N W E I T O D R A D O D E O
I I W I S T W D N L L A M S U
G L T N H T S T T I U B S B N
H N T D L D A D D E D D O V T
T O N E I D E A W S N E N S S
S R E E S R Y I S O E D S W E
O L P R T S I S V S R G T N A
P G N I P P A R W L I C O A I
```

- ○ BOWS
- ○ BUDGET
- ○ CARDS
- ○ CROWDS
- ○ DELIVERY
- ○ DISCOUNTS
- ○ FESTIVE
- ○ GIFTS
- ○ HOLIDAY
- ○ LIGHTS
- ○ MALL
- ○ ONLINE
- ○ REINDEER
- ○ SALES
- ○ SANTA
- ○ STOCKINGS
- ○ TOYS
- ○ TREE
- ○ WISHLIST
- ○ WRAPPING

CLIMATE - Puzzle #192

```
L R L D T H G U O R D H R S Y
L T I S E A S O N S E P Ñ E N
E E R A I N F A L L T A O V A
L M I H T P F R P O L A R A V
N P A O D I R A T P N L A W L
I E A L E O E H U M I D I T Y
Ñ R T L M O N S O O N A I A L
O A E R E H P S O M T A M E L
E T S L H F W I N D D C E H A
L U E C L C L I M A T E T O F
D R P O C L O U D C O V E R W
Ñ E O R L A C I P O R T E U O
E D T T O M E T S Y S O C E N
R T E E O T M D S O C N A V S
E Ñ P R E C I P I T A T I O N
```

- ○ AIR
- ○ ARID
- ○ ATMOSPHERE
- ○ CLIMATE
- ○ CLOUD COVER
- ○ DROUGHT
- ○ ECOSYSTEM
- ○ EL NIÑO
- ○ FLOOD
- ○ HEATWAVE
- ○ HUMIDITY
- ○ MONSOON
- ○ POLAR
- ○ PRECIPITATION
- ○ RAINFALL
- ○ SEASONS
- ○ SNOWFALL
- ○ TEMPERATURE
- ○ TROPICAL
- ○ WIND

97

FURNITURE - Puzzle #193

```
O A H I B O O K S H E L F A T
S L C L C H O A E C R I E N N
U M H O T H Y T I N A V T A O
I C H D B R R O E K T H S O O
M Y F R E I R S E S H R N N S
H R D A C A B I N E T R L L S
D E R O C H K E A D I E L O T
R N E B A C O U C H C T F O O
D I S E O T O E R C C A H T O
N L S D I U C E R N K M N S L
A C E I A H L S M E S T R R K
T E R S T B E R F B V C O A B
S R U D A I R A I O L D E B D
V H N T O R B H O T T O M A N
T B R E S T A E S E V O L S A
```

- ○ ARMCHAIR
- ○ BAR STOOL
- ○ BED
- ○ BENCH
- ○ BOOKSHELF
- ○ CABINET
- ○ CHAIR
- ○ COUCH
- ○ DESK
- ○ DRESSER
- ○ HUTCH
- ○ LOVESEAT
- ○ OTTOMAN
- ○ RECLINER
- ○ SIDEBOARD
- ○ SOFA
- ○ STOOL
- ○ TV STAND
- ○ TABLE
- ○ VANITY

CRUISE LINER - Puzzle #194

```
N I R T C A S I N W A A N H O
C B N G O B U F F E T S N O E
E X C U R S I O N R A H N A T
P N D E C K I S T C K O C R I
T C E A S Y O R T T C R O N Y
I T E G N U O L N A O E H R I
O T E T I U S B P K D Y A T C
I C O T O N F T C R O R S D L
E L E S A S A X D N E I P E D
O S E A S I C K X N I B A C O
P O R T N N A V I G A T O R T
L E I L R S O T I O E A F L O
T A O B E F I L C B R E O T N
A D I C I G E B A L C O N Y N
P A N E E G A Y O V P V R O O
```

- ○ BALCONY
- ○ BUFFET
- ○ CABIN
- ○ CAPTAIN
- ○ CREW
- ○ DECK
- ○ DOCK
- ○ EXCURSION
- ○ ITINERARY
- ○ LIFEBOAT
- ○ LOUNGE
- ○ NAVIGATOR
- ○ OCEAN
- ○ POOL
- ○ PORT
- ○ SEASICK
- ○ SHORE
- ○ SPA
- ○ SUITE
- ○ VOYAGE

CHEMICAL ELEMENTS - Puzzle #195

```
G N S E N I R O L H C I I R M
V P H R C M S H O S I L V E R
O I C C N G P P C A R B O N M
I S O D I U M L L M P N R I S
I E E O Z E I A C E O O P C A
P M M V O T U T A R I C C G Y
O M U I L E H I L C N I O O O
T M I G C C V N C U S L H O I
A L H O C O R U I R D I C O N
S E T C C F P M U Y S S L O O
S A I O R S N P M N U G R T R
I D L F C R E C E H L I D N M
U O L T M R O U S R F T O N M
M O X Y G E N S S H U R O O P
A N E G O R T I N L R P H F L
```

- CALCIUM
- CARBON
- CHLORINE
- COPPER
- GOLD
- HELIUM
- IRON
- LEAD
- LITHIUM
- MERCURY
- NEON
- NITROGEN
- OXYGEN
- PLATINUM
- POTASSIUM
- SILICON
- SILVER
- SODIUM
- SULFUR
- ZINC

MOUNTAINS - Puzzle #196

```
S P W O V V K A E P S E K I P
L E H L R E C K I N A B A L U
V I I Y E S E N A N T E T I I
U O T M I U F V A R E H A E A
I R N P N V U L E L A E S N A
S A E U I I J M R R B R N J K
A J Y S A U I I C E E T A T 2
M N U S R S T I E K R S N T U
I A N I S O E T E K I U T O T
A M I N A E A U L N R N A A M
R I A L J U A H B E N H L N R
O L N M A T T E R H O R N E U
R I N I I N S R U U I S I L Y
S K S N E L E H S K B I T E L
N R Y A D L M D N I R A V I K
```

- ARARAT
- DENALI
- ELBRUS
- ETNA
- EVEREST
- FUJI
- HELENS
- K2
- KILIMANJARO
- KINABALU
- MATTERHORN
- MCKINLEY
- MONT BLANC
- OLYMPUS
- PIKES PEAK
- RAINIER
- RORAIMA
- SINAI
- VESUVIUS
- WHITNEY

FAMOUS WRITERS - Puzzle #197

```
A S E A T W A I N W N R Y A T
F A R C O N S I K S E O A Ë U
I L A H R E N E E H T K W T M
T I E D W I E K T G S L G N U
Z N P D G K K A A S U O N O R
G G S F N L C I O L A N I R A
E E E A I O I W E E A Y M B K
R R K U L T D G A O H B E A A
A T A L W I O E I P O R H K M
L E H K O O E O B N O R C F I
D N S N R M O R R I S O N A M
E K M E H R R O D W Y B E K Y
A R G R C M A U E O E R E L N
G I N I W D L A B R R L S R N
C O K E A U J O Y C E N L H G
```

- ○ AUSTEN
- ○ BALDWIN
- ○ BRONTË
- ○ CATHER
- ○ DICKENS
- ○ FAULKNER
- ○ FITZGERALD
- ○ GINSBERG
- ○ HEMINGWAY
- ○ JOYCE
- ○ KAFKA
- ○ MORRISON
- ○ MURAKAMI
- ○ ORWELL
- ○ POE
- ○ ROWLING
- ○ SALINGER
- ○ SHAKESPEARE
- ○ TOLKIEN
- ○ TWAIN

TYPES OF CHEESES - Puzzle #198

```
T V E M O Z Z A R E L L A A D
I P G O R G O N Z O L A B O V
R E E N A P N A S E M R A P I
R S R H I M U O L L A H A E S
E B E Z Z A S I A G O S E U Q
O I T R A V A H Z L L A P P B
P S R O G S A R E P C C C R R
O A B B I C K E E L U A E O W
C O L B Y A H C R E R M S V E
N U E M Q R S E A E Z E S O E
E Z A T E F L S D J E M I L I
L R E N L O N N G D R B W O Z
T A T T O C I R M R A E S N G
C M A S C A R P O N E R C E M
E T A L E G G I O M I T D A S
```

- ○ ASIAGO
- ○ BLUE
- ○ BRIE
- ○ CAMEMBERT
- ○ CHEDDAR
- ○ COLBY
- ○ FETA
- ○ GORGONZOLA
- ○ HALLOUMI
- ○ HAVARTI
- ○ JACK
- ○ MASCARPONE
- ○ MOZZARELLA
- ○ PANEER
- ○ PARMESAN
- ○ PROVOLONE
- ○ QUESO
- ○ RICOTTA
- ○ SWISS
- ○ TALEGGIO

ROCKS - Puzzle #199

```
E S I E H L L A I E G A T S A
T H S P U M I C E C T A I H U
I Q E T O L M E Z N T L L L B
Z A T T I B E A A P T E E I Z
T U F F I A S A E S L S E A M
R T C S D L T I T T A H N T A
A T H C S E O O D I A D O B R
U E T O T I N Y C I E L T A B
Q C S R A E E C H S A T S S L
C A Z I A T E N I R D N Y A E
T L D A I R N T G T C H A L K
I B A R B F E N I I E N L T A
O D O E T I N A R G E D C G L
A I O N E T I L L Y H P T R E
D T A R A O E N O I E L A H S
```

- ○ ANDESITE
- ○ BASALT
- ○ BRECCIA
- ○ CHALK
- ○ CLAYSTONE
- ○ DIORITE
- ○ GNEISS
- ○ GRANITE
- ○ LIMESTONE
- ○ MARBLE
- ○ OBSIDIAN
- ○ PHYLLITE
- ○ PUMICE
- ○ QUARTZITE
- ○ RHYOLITE
- ○ SCORIA
- ○ SHALE
- ○ SILTSTONE
- ○ SLATE
- ○ TUFF

BATHROOM ITEMS - Puzzle #200

```
P A P E R H O L D E R R A R S
O I B D S S O L F L A T N E D
G N R O T S P D I D E P I G O
K N I S C A L E R R A E I N T
O A E E O A H O A E S C L U A
A W R S F O E D A Y U A I L A
T E K S A B T O P R W I R P S
O L L F D T R R T D R S T A R
R G B A T H M A T R E W W A O
N A A C A E I N O I A E T T R
O E T E C N S T S A A Z S G R
I E H W A A W E L H R I O O I
T T T A T L A L S H O W E R M
O O U S I M B I A S A I R O W
L W B H N R S O O R L E W O T
```

- ○ BASKET
- ○ BATH MAT
- ○ BATHTUB
- ○ CURTAIN
- ○ DENTAL FLOSS
- ○ DEODORANT
- ○ FACE WASH
- ○ HAIR DRYER
- ○ LOTION
- ○ MIRROR
- ○ PAPER HOLDER
- ○ PLUNGER
- ○ RAZOR
- ○ SCALE
- ○ SHOWER
- ○ SINK
- ○ SOAP
- ○ SWABS
- ○ TOWEL
- ○ OILET

ANSWERS

#1

#2

#3

#4

#5

#6

#7

#8

#9

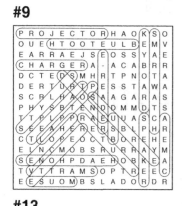

#10

#11

#12

#13

#14

#15

#16

#17

#18

#19

#20

ANSWERS

21

#22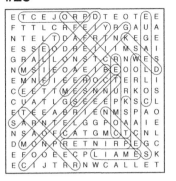

#23

#24

#25

#26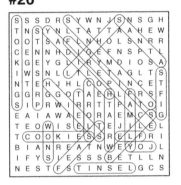

#27

#28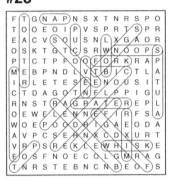

#29

#30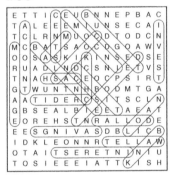

#31

#32

#33

#34

#35

#36

#37

#38

#39

#40

ANSWERS

#41

#42

#43

#44

#45

#46

#47

#48

#49
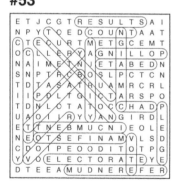

#50

#51

#52
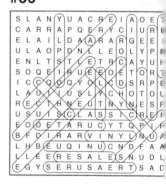

#53

#54
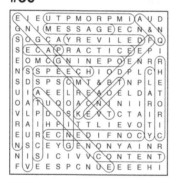

#55

#56

#57

#58

#59

#60

ANSWERS

#61
#62
#63
#64
#65
#66
#67
#68
#69
#70
#71
#72
#73
#74
#75
#76
#77
#78
#79
#80

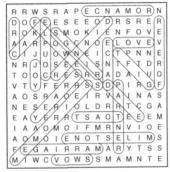

ANSWERS

#81 **#82** **#83** **#84**

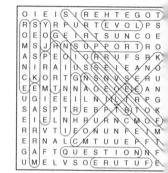

#85 **#86** **#87** **#88**

#89 **#90** **#91** **#92**

#93 **#94** **#95** **#96**

#97 **#98** **#99** **#100**

ANSWERS

101

#102

#103

#104

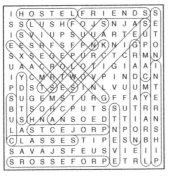
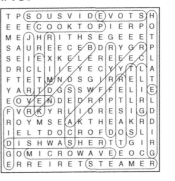
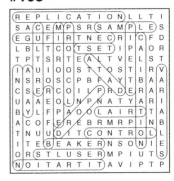

#105

#106

#107

#108

#109

#110

#111

#112

#113

#114

#115

#116

#117

#118

#119

#120

ANSWERS

#121

#122

#123

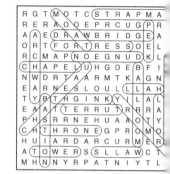

#124

#125

#126

#127

#128

#129

#130

#131

#132

#133

#134

#135

#136

#137

#138

#139

#140

141   **#142**   **#143**   **#144**

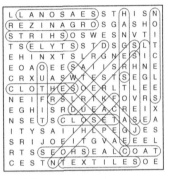

#145   **#146**   **#147**   **#148**

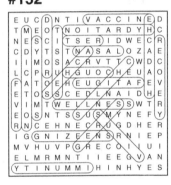

#149   **#150**   **#151**   **#152**

#153   **#154**   **#155**   **#156**

#157   **#158**   **#159**   **#160**

ANSWERS

#161
#162
#163
#164

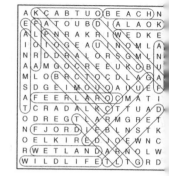

#165
#166
#167
#168

#169
#170
#171
#172

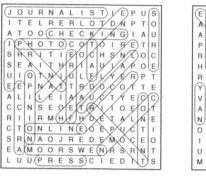

#173
#174
#175
#176

#177
#178
#179
#180

ANSWERS

181

#182

#183

#184

#185

#186

#187

#188

#189

#190

#191

#192

#193

#194

#195

#196

#197

#198

#199

#200

Made in the USA
Las Vegas, NV
09 January 2025

16065972R20063